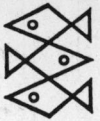

Über dieses Buch   Von 117 Tagen in einem südafrikanischen Gefängnis handelt dieser bewegende autobiographische Bericht. Ohne Anklage, ohne Rechtsbeistand, isoliert in einer Einzelzelle, wird die weiße Journalistin Ruth First – engagierte Gegnerin des Apartheidsystems – aufgrund des 90-Tage-Haft-Gesetzes im Frauengefängnis von Johannesburg festgehalten. Es ist das Jahr 1963. Nelson Mandela wurde mit anderen führenden Mitgliedern des Afrikanischen Nationalkongresses (ANC) gefangengenommen. Anschließend verhaftet der südafrikanische Sicherheitsdienst mutmaßliche Sympathisanten, unter ihnen Ruth First, Mitglied der damals illegalen Kommunistischen Partei und des verbotenen ANC. Ihre Haftbedingungen sind grausam, hart, unmenschlich. Eine Zelle, so groß, daß gerade das karge Bett darin Platz hat, auf dem die Gefangene endlose Tage und Nächte verbringt. Die Verbindung zur Welt: nur der Lärm der übrigen Insassen, das vergitterte Fenster hoch oben in der Zellenwand, die tägliche Stunde Freigang im Gefängnishof, in dem die ›Politischen‹ sich Zeichen hinterlassen. Die Monotonie des Gefängnisalltags wird nur unterbrochen von der zermürbenden Routine der Verhöre, die die Gefangene bis zum Selbstmordversuch treiben. Doch letztlich gibt Ruth First ihr Leben, ihren Mut nicht auf. »Sie ist eine Kämpferin«, lautet der zweifellos anerkennende Kommentar ihrer politischen Gegner, für die sie auch nach der Freilassung eine Gefahr bleibt. 19 Jahre später wird Ruth First durch eine Briefbombe ermordet.

Die Autorin   Ruth First war Journalistin. Als Mitglied der Kommunistischen Partei und des ANC kämpfte sie für die Aufhebung der Apartheid. Aufgrund ihrer politischen Überzeugung wurde ihr Berufsverbot auferlegt. Mehrmals wurde sie inhaftiert. Sie starb 1982 durch eine Briefbombe. 1988 wurde ihre Lebensgeschichte unter dem Titel »Zwei Welten – A World Apart« nach einem Drehbuch ihrer Tochter Shawn Slovo verfilmt.

Ruth First

Gefangener Mut

117 Tage in einem
südafrikanischen Gefängnis

Aus dem Englischen von
Christine Frick-Gerke

Fischer Taschenbuch Verlag

Die Frau in der Gesellschaft
Lektorat: Ingeborg Mues

Deutsche Erstausgabe
Veröffentlicht im Fischer Taschenbuch Verlag GmbH,
Frankfurt am Main, Februar 1991

Die englische Originalausgabe erschien
1965 unter dem Titel »117 Days«
im Verlag Bloomsbury Publishing Ltd., London
Copyright © 1965 by the Estate of Ruth First
Für die Einleitung der englischen Ausgabe © 1988 by Joe Slovo
Für die deutsche Ausgabe:
© 1991 Fischer Taschenbuch Verlag GmbH, Frankfurt am Main
Umschlaggestaltung: Barbara Brümmer
Gesamtherstellung: Clausen & Bosse, Leck
Printed in Germany
ISBN 3-596-24754-3

Inhalt

Einleitung

Ich sah Ruth ein letztes Mal lebend um 15.30 Uhr an jenem Nachmittag, als es geschah. Ich unterhielt mich mit Harold Wolpe, einem guten Freund von uns, als sie die Haustür aufschloß, in den Wohnraum kam und eine Flasche Wein griff, die sie zuvor vergessen hatte. Sie lächelte verlegen und sagte nur: »Ich bin wirklich vergeßlich. Bis nachher«, und war schon wieder fort. Mit der Weinflasche, die niemals geöffnet wurde, sollte der Abschied einiger Kollegen gefeiert werden, die an einer von ihr organisierten Konferenz teilgenommen hatten.

Gegen 16.30 Uhr läutete das Telefon. Die Stimme ihrer Kollegin Mary Wuyts klang fassungslos: »Joe, etwas Schreckliches ist geschehen. Es hat eine Explosion gegeben, und Ruth liegt hier...« Sie war sofort tot. Ich fuhr in ihr Büro und stand wie gelähmt auf der Schwelle zu ihrem Zimmer, wollte sie so lebendig in Erinnerung halten, wie ich sie gekannt hatte. Sie lag begraben von den Überresten ihres Schreibtischs, nur ihre Füße waren zu sehen, einer von ihnen steckte noch in einem eleganten beigefarbenen Schuh.

Für Ruth war es eine aufregende und hektische Woche gewesen, ein Höhepunkt in ihrer Laufbahn als Direktorin der Forschungsabteilung des Instituts für Afrikanische Studien der Eduardo-Mondlane-Universität in Maputo, im seit kurzem unabhängigen Mozambique. Aus allen Teilen des südlichen Afrika – und darüber hinaus – waren Wissenschaftler gekommen, um an einer von der UNESCO unterstützten Tagung teilzunehmen, die ein großer Erfolg werden sollte. Der offensichtliche Schwerpunkt dieser Tagung war die Rassentyrannei, die Apartheid, im nur 60 Kilometer entfernten Südafrika.

Ruth brachte für ihren Posten am Institut eine seltene Kombination von Begabungen mit: einen scharfen Verstand, eine Ausdrucksfähigkeit, die ihr ermöglichte, auch komplizierte

Sachverhalte einfach darzustellen, sie hatte Organisationstalent, war stets peinlich exakt vorbereitet, und ihr Lehransatz verankerte die Studenten fest in der Gesellschaft. Sie hatte einen großen Teil ihres bisherigen Lebens außerhalb der Universität verbracht, als Sozialarbeiterin, Journalistin, Autorin, Wahlkampfhelferin und Aktivistin im Untergrund. Sie hatte viele Bücher veröffentlicht und wurde in akademischen Kreisen hoch geschätzt. Und neben allem, neben der traumatischen Verfolgung durch die Polizei, ihrer Zeit im Gefängnis, brachte sie immer Zeit und Energie auf, für unsere Töchter Shawn, Gillian und Robyn zu sorgen, war eine liebevolle Mutter und in dreiunddreißig Jahren Ehe eine innige Gefährtin, die dennoch wußte, was sie wollte.

Sie strahlte eine enorme Kraft aus, die Sicherheit einer Geschäftsfrau und eine gewisse Arroganz, die jene, die sie gut kannten, durchschauten, hinter der sie ihre extreme Verletzlichkeit, ihr Mitgefühl und ihre Leidenschaft verbarg. Sie war sich auf sympathische Weise ihrer Fähigkeiten unsicher, überwand dieses Gefühl eigentlich nie, auch die beneidenswerte lange Liste ihrer persönlichen Erfolge konnte sie ihr nicht nehmen. So reagierte sie defensiv auf Kritik, und selbst wenn sie so etwas Unbedeutendes wie eine Flasche Wein vergaß, fühlte sie sich ertappt.

Im Mai 1960 schrieb sie mir einen Brief in das Gefängnis, in dem ich festgehalten wurde. Sie war mit den Kindern nach Swaziland gefahren, um der Verhaftungswelle nach dem Sharpville-Massaker zu entgehen. Sie schrieb:

> Ich gehe meiner Lieblingsbeschäftigung nach und quäle mich, stelle mich in Frage und betrachte meine Fehler, ich grüble mehr und mehr... Schade, daß ich nicht zum Philosophieren neige. Dann müßten meine Konflikte nicht auf der persönlichen Ebene stattfinden... Das Problem ist, ich möchte mir beweisen, daß ich etwas Sinnvolles leisten kann... Doch ich bin zu ziellos, und in meinem tiefsten Innern weiß ich, es liegt an mir, daß Ziel, Mittel und Können fehlen, und niemand kann mir helfen. Aber wie Du sagst, ich werde darüber hinwegkommen und mich morgen in irgendeine Aktivität stürzen. Ich bin gewissermaßen

masochistisch, mein Nachteil, ein Schönheitsfehler, wie meine buschigen Augenbrauen und der Leberfleck auf der Nase.

Ich weiß, wie besonders schwer es für Ruth war, den Bericht über ihren Gefängnisaufenthalt zu schreiben; das erste Buch seiner Art, das nach dem Rivonia-Prozeß erschien, bei dem Nelson Mandela und andere Führer des ANC zu lebenslanger Haft verurteilt wurden. Bei diesem Vorhaben, zu dem sie sich entschlossen hatte, mußte sie manche schwache Stelle ihres Wesens freilegen. Doch sie hegte die Hoffnung, daß durch diesen Bericht die Weltöffentlichkeit auf die Anliegen der immer zahlreicher werdenden Opfer jener physischen und psychischen Foltermaschinerie des Regimes aufmerksam würde. Tatsächlich drehte die BBC nach diesem Buch einen Fernsehfilm, und meiner Tochter Shawn diente er als Drehbuchvorlage zu ihrem Film *A World Apart (Zwei Welten)*.

Ruth gehörte zu jener ersten Gruppe von Gefangenen, an denen die Spezialeinheit des Sicherheitsdienstes (nach neuesten Methoden westlicher Polizeiakademien) ihre frisch erworbenen Fähigkeiten auf dem Gebiet der psychischen Folter erprobte. Die Technik basierte auf einem teuflisch einfachen Prinzip: ein Frontalangriff auf die einzige Gesellschaft, die ein Gefangener in einer Einzelzelle hat – auf seinen Kopf. Für die ersten Opfer, an denen diese Foltermethode praktiziert wurde, war sie um so beängstigender, weil sie nicht wußten, was sie erwartete. Sie waren zu schlecht darauf vorbereitet, um damit fertig zu werden. Zusätzlich hatte der Sicherheitsdienst in Ruths Fall jemanden in seiner Gewalt, dessen Beziehungen zu wichtigen und weiten Kreisen des politischen Untergrundes breitgefächert waren. Es gab wenig, was sie nicht über das Rivonia-Hauptquartier und sein nationales Netz von Untergrundverbindungen wußte. Mit diesem Wissen belastet, mußte sie den Verhören standhalten. Als sie zunehmend fürchtete, sie könne zusammenbrechen, und sich zu einer harmlosen Aussage hinreißen ließ, die sie sowohl demütigte, als auch in ihrer Vermutung bestärkte, sie verliere ihre Selbstkontrolle und ihren klaren Kopf – versuchte sie sich umzubringen.

Der Gedanke verfolgte mich, daß ich meine Ehre verloren hatte... Ich hatte angefangen zu reden... Ich stand kurz vor dem Zusammenbruch... So quälte mich die grauenhafte Angst, daß sie meine Beziehungen zu denen, deren Verständnis und Unterstützung ich am meisten brauchte, zerstören könnten und daß, wenn sie dies schafften, mein Leben keinen Sinn mehr hätte... Es gab nur einen Ausweg...

Nach ihrer Freilassung, als wir alle wußten (was sie am Schluß ihres Buches prophezeit), »daß dies noch nicht das Ende war, daß sie wiederkommen würden«, antwortete sie auf meine Bitte, bald mit den Kindern nach London zu kommen: »Ich möchte keine unangebrachte Eile an den Tag legen, die Gründe verstehst du sicherlich. Einfach auf und davon zu gehen, ohne Rücksicht auf die Situation hier, würde zu traurigen Mißverständnissen führen.« Ich verstand, sie nahm Rücksicht auf die Situation am Ort, auf die ins Wanken geratene Untergrundbewegung, auf jene, die bis zum bitteren Ende kämpften wie Bram Fisher, der den Widerstand mit mutigem Einsatz lebendig zu halten versuchte. Ich schäme mich immer noch, daß sie, die gerade so viel durchgemacht hatte, mich daran erinnern mußte.
Schließlich kamen sie wieder – neunzehn Jahre später – am 17. August 1982 in Form einer Briefbombe, die explodierte. Auf den ersten Blick schien Ruth kein wichtiges Ziel. Sie stand nicht im Zusammenhang mit der Planung und Durchführung jener Art von Widerstandsaktivitäten, die die Regierung am meisten fürchtete, bewaffnete Aktionen. Sie war nicht mehr die Publizistin, deren Spezialgebiet die Befreiung war. Sie war eine Veteranin der Südafrikanischen Kommunistischen Partei, doch damals gehörte sie keinem Führungsgremium an; im Grunde stand sie eher am Rande der Partei, denn sie war eine ausgesprochene Gegnerin der stalinistischen Verbrechen und der daraus resultierenden tragischen Konsequenzen für den Sozialismus, an den sie leidenschaftlich glaubte. Warum dann sie? Daß gerade sie zum Ziel dieses Angriffs wurde, war weder eine Laune noch ein Zufall, es diente einem Zweck, der mit der Zeit seine eindeutige Erklärung fand.
Die Regierung in Pretoria ahnte, daß sie genug getan hatte,

um Verzweiflung unter den jungen afrikanischen Staaten zu schüren, die nach der Erlangung ihrer Unabhängigkeit immer noch festen Boden unter den Füßen suchten. Direkte militärische Angriffe, Destabilisierung und der Einmarsch räuberischer Armeen hatten diesen Ländern schweren Schaden zugefügt. Und die Opfer, die so wenig Ressourcen zur Verfügung hatten, sich gegen diese Attacken zu wehren, fühlten sich zunehmend ohnmächtig. Die *Reagans* dieser Welt waren ›konstruktiv‹ in diese Räubereien verwickelt, und die *Thatchers* sabotierten jeden internationalen Versuch, effektive Gegenmaßnahmen zu ergreifen: was den Verdacht aufkommen läßt, daß der Schutz der eigenen Sippschaft ihnen wichtiger ist als die Sorge um die ›Menschenrechte‹ und die vielzitierte Eindämmung des Staatsterrorismus. Und der Rest der Welt scheint nicht gewillt oder nicht in der Lage, die ökonomischen und militärischen Mittel bereitzustellen, um diesen Anschlägen zu entgegnen oder sie abzuwehren.

In der politischen Periode, die Ruths Ermordung direkt vorausging, wurde Bothas Strategienzentrale durch diese Überlegungen veranlaßt, neue diplomatische Schachzüge in Betracht zu ziehen. Der Schlagstock, so mutmaßten sie, schien seinen Eindruck nachhaltig hinterlassen zu haben. Diejenigen, die er getroffen hatte, schienen ihre Lektion verinnerlicht zu haben; sie wußten, daß sie – um einen Satz Bothas abzuwandeln – die Wahl hatten, sich entweder Pretorias Willen zu beugen oder das Sterben ginge weiter. Um letztlich die Pläne der im Befreiungskampf des ANC verbündeten Staaten zu vereiteln, schien ein Vorstoß in Richtung ›gegenseitiger Sicherheitsübereinkommen‹ angebracht. Angefangen mit Swaziland, das sich jahrelang schämte, sein Bündnis mit Pretoria vor der Öffentlichkeit zuzugeben, nahm das rassistische Regime den fetteren Brocken, Mozambique, aufs Korn.

Denjenigen, die beauftragt waren, den Boden für diese neue Taktik zu bereiten, mußte Ruths Vernichtung ein wichtiges Detail gewesen sein, ohne das die Rechnung nicht aufgehen würde. Es war bekannt, daß sie mit dem, was sie mit großem Engagement lehrte, der schleichenden Illusion, jenem Wunschdenken entgegenarbeitete, daß Botha womöglich gewillt sei, von den Grundsätzen der Apartheid zugunsten einer Reformpolitik abzurücken und vielleicht durch die Prinzipien der Koexistenz und der guten Nachbarschaft zu achten. Und Ruth arbeitete nicht im Elfenbeinturm. Die Studenten des Instituts waren Partei- und Regierungskader, und die Stoßrichtung und Dynamik des Instituts begannen die Wissenschaftler und Forscher anderer akademischer Institutionen im südlichen Afrika zu beeinflussen.

Der wachsende Einfluß dieser Arbeit, in Mozambique selbst und andernorts, muß im Hinblick auf mögliche Reaktionen auf Pretorias ›gegenseitige Sicherheitsabkommen‹ als direkt relevant eingestuft worden sein. Die Thesen, die Ruth verbreitete, hatten in dieser Strategie keinen Platz, denn ihrer Ansicht nach konnte ein Handel mit Pretoria, wie Nkomati ihn eingegangen war, lediglich ein masochistischer Akt sein, wie sich dann später bewahrheitete. Also bestellte einer dieser Strategen, der seine Ziele höher schätzte als die Menschen, bevor er in Ruhe zu Abend aß, das Todespaket.

Ruths Hinrichtung gehörte zu einer Mordserie in allen Grenzstaaten. Jede Aktion war ein Bestandteil der Politik Pretorias in jenen Nachbarstaaten, die die Anwesenheit von Mitgliedern des ANC in ihrem Lande duldeten. Joe Gqabi zum Beispiel, Ruths ehemaliger Journalistenkollege beim *Guardian* und bei *New Age*, fiel ein Jahr zuvor einem Anschlag zum Opfer. Er hatte damals gerade eine Gefängnisstrafe von zehn Jahren abgesessen und war der Vorsitzende des ANC in Zimbabwe geworden. Er war vor seinem Haus in Harare niedergeschossen worden, eine Tat, die ihr Ziel, den jungen Staat zu terrorisieren, bis er seine Unterstützung der Afrikanischen Befreiungsfront noch einmal überdenke, völlig verfehlte. Und Jahre danach wurde der Präsident Mozambiques, Samora Machel, selbst umgebracht, indem man sein Flugzeug im Gebirge auf falschen Kurs lockte.

In Reden vor der Öffentlichkeit versuchen wir den Schmerz solch tödlicher Schläge zu lindern, indem wir betonen, daß die Gefallenen die Sache, für die sie gekämpft haben, durch ihren Tod vorantreiben. Langfristig betrachtet mag das stimmen, auch wenn es den persönlichen Zorn nicht lindern und den politischen Verlust nicht wiedergutmachen kann. Doch zeigt die Realität, daß unser Schaden dem Feind nicht immer ein Gewinn ist.

Gefängnis, Folter (die seit Ruths Gefängnisaufenthalt an

Ausmaß und Ausgeklügeltheit unermeßlich zugenommen hat), Hinrichtungen, Massenmorde auf den Straßen und die Bomben und Kugeln der Meuchelmörder haben es nicht geschafft, den Widerstand derer, die gegen die Rassentyrannei sind, zu brechen. Vielmehr schwören nun die Massen an den Särgen der Opfer, den Kampf verstärkt und ohne Rücksicht auf die Gefahren für Leib und Leben weiterzuführen.

Ruths Beisetzung bezeugt dies. Sie wurde neben mehr als einem Dutzend Genossen des ANC, die in Maputo Opfer der Killer des Apartheid-Regimes wurden, beerdigt. Hunderte Bürger Mozambiques aus allen Bevölkerungsschichten – Minister, Putzfrauen, Soldaten, Frauen und Männer, Alte und Junge, Schwarze und Weiße – gingen hinter ihrem Sarg, als der Chor des ANC die Lieder unseres Freiheitskampfes sang.

Gefangener Mut ist Teil jener Ermutigung, die unaufhaltsam zu einer gerechten und harmonischen Gesellschaft und zum Frieden im südlichen Afrika führen wird. Von allen Büchern, die Ruth geschrieben hat, ist dies ihr vertraulichstes, ihr persönlichstes. Es ist auch eine Chronik ihrer beispielhaften Tapferkeit, und dies um so bewegender, weil Ruth sich offensichtlich des Muts, mit dem sie ihren Folterern gegenübertrat, nicht bewußt war.

Joe Slovo
März 1988

Diese Einleitung wurde von Ruth Firsts Ehemann, Joe Slovo, zur Neuauflage dieses Buches geschrieben. Joe Slovo lebt heute im Exil in Zambia und ist das einzige weiße Mitglied des Exekutivkomitees des Afrikanischen Nationalkongresses.

Erstes Kapitel

Die Zelle

Während der ersten sechsundfünfzig Tage meiner Einzelhaft verwandelte ich, die ich sonst meistens aufrecht lebte, mich in ein Wesen, das sich hauptsächlich in der Waagerechten aufhielt. Ein schwarzes Eisenbett wurde meine Welt. Es war zu kalt, um zu sitzen, also lag ich ausgestreckt auf dem Bett, versuchte die Stunden zu zählen, die Tage und Wochen und bildete mir gleichzeitig ein, ich täte es nicht. Die Matratze war zerbeult; die grauen Gefängnisdecken waren schwer wie feuchtes Segeltuch und rochen nach schimmeligen Kartoffeln. Ich gewöhnte mich an den Geruch und legte mich um die Buckel in der Matratze. Beim Eintreten sah die Zelle wie ein Verlies aus, klaustrophobisch. Betonkalt. Wenn die Glühbirne, ein einsames gelbes Auge mitten an der Zellendecke, nicht brannte, war die Zelle stockfinster; die Glühbirne beleuchtete den Schmutz an den Wänden, die zu Zweidrittel schwarz gestrichen waren. Der Rest war früher weiß gewesen, war mittlerweile von einer grauen Schmutzschicht bedeckt; das Fenster in der Wand, hoch über dem Kopfende des Betts, war doppelt und dreifach vergittert, und an allen Gittern klebte schwarzer Ruß. Das Fenster wirkte wie ein Verschluß, nicht wie eine Öffnung. Drei Schritte von der Tür stand ich bereits am Bett.

Wenn ich lange genug in dieser Zelle bleibe, so fürchtete ich, würde ich eines jener farblosen Insekten, die unter eine Welt aus flachen grauen Steinen schlüpfen, fern von Himmel und Sonne, Gras und Menschen. Auf dem Eisenbett war es wie in einer Streichholzschachtel. Eingeschlossen lag ich auf meinem Bett und hatte das Gefühl, meine Arme müßten gerade neben mir liegen, krampfhaft ordentlich, ausgestreckt. Doch das Bett bedeutete mein eigentliches Leben, hier konnte ich meine Geheimnisse haben. Auf dem Bett fühlte ich mich sicher. Ich brauchte die Zelle nicht zu sehen, ich konnte so tun, als gäbe es sie nicht, und es mir so gemütlich wie möglich machen. Ich schlief, solange ich Lust hatte, ohne Angst, gestört zu werden. Ich dachte nach, ohne abgelenkt zu werden. Ich lag sicher auf dem Bett und wartete, was geschehen würde.

Doch kaum eine Stunde hatte ich in der Zelle verbracht, da ging ich auf und ab, hin und her, wie sonst Gefangene in schlechten Romanen. Wenigstens versuchte ich es, denn der Raum war, um darin zu gehen, nicht groß genug. Das Bett nahm fast die gesamte Länge der Zelle ein, und in dem Raum zwischen Bett und Wand stand ein schmales Regal. Ich konnte nicht im Kreis gehen, ich konnte die Zelle nicht einmal durchqueren. Um festzustellen, wie groß die Zelle war, nämlich 2,5 mal 2 Meter, maß ich am Bett und Regal entlang und kroch dann mit dem Schuh in der Hand unters Bett, um die Breite des Raumes zu messen. Die exakten Maße schienen mir wichtig. Vielleicht würde mich – wann? – einmal jemand danach fragen. Nach der Vermessungsaktion verkroch ich mich im Bett. Ich konnte vier verschiedene Lagen einnehmen, Rücken, Bauch, beide Seiten, dann sämtliche Variationen, ausgestreckt oder eingerollt. In einer langen Nacht erschien ein Lagewechsel ein mit einem Spaziergang vergleichbares Unterfangen. Wenn ich die Knie anzog, lagen sie auf gleicher Höhe mit dem Satz: *Ich bin hier, weil ich mein Baby ermordet habe. Ich bin vierzehn Jahre alt.* Jemand hatte ihn mit einer Nadel in die Wand gekratzt. Die Aufseherinnen erzählten, daß sie sich an das Mädchen erinnerten. An die Verfasser der übrigen Inschriften erinnerten sie sich nur undeutlich. *Magda liebt Vincent auf immer und ewig* erschien mehrmals mit beharrlicher Ergebenheit. Andere drückten ähnliche Gefühle in unzüchtigen Worten und allzu deutlichen Illustrationen aus, und zwischen den Obszönitäten tummelten sich Herzen und Pfeile an der Wand. Die Frauen, die nach dem Sharpville-Massaker inhaftiert worden waren, hatten ihre Spuren hinterlassen, ihr Slogan *Mayibuye i' Afrika* (Für eine Wiederkehr Afrikas) war immer noch schwach sichtbar. Die Betonwände besah man sich besser nicht, doch selbst wenn ich die Augen schloß und tiefer im warmen Bett versank, gab es anderes, das mich an die Zelle erinnerte. Die Polizeiwache hatte überall schwere Stahltüren. Sie dröhnten, wenn sie zugezogen wurden, und der Hall hämmerte mir in Hals und

Schultern, ich konnte das Echo in meinem Rücken spüren, wie es die Flure entlang, die Treppe hinauf durch das zweistöckige Polizeigebäude ging. Die Türen hatten innen keine Klinken, und diese dröhnenden Türen ohne Klinken wurden, mehr noch als die vergitterten Fenster, mehr als die Betonwände der Zelle, zum ständigen, demütigenden Symbol des Eingekerkertseins, wie die Zwangsjacke für den Anstaltsinsassen es sein muß.

Sechs Stunden, bevor ich diese Zelle zum erstenmal betrat, hatte ich gerade den großen Lesesaal der Universitätsbibliothek verlassen. Ich hatte mir für diese Woche vorgenommen, Atlanten für die Bibliothek auszuwählen, und hielt Notizen in der Hand, die ich mir eben gemacht hatte:

Atlanten vor 1961 beinah ebenso unbrauchbar wie Straßenkarten von 1920 – Häufigkeit und Exaktheit der Überarbeitungen prüfen, Spezialkarten untersuchen, z. B. Verteilung der Bodenschätze und Bevölkerung, auf Einzelheiten und Lesbarkeit achten – vergleichbare Maßstäbe kontrollieren – Index – Legende der technischen und kartographischen Begriffe, usw. usw.

Der Bibliothekarskurs war der Versuch einer neuen Ausbildung. Neuerdings war mir Schreibverbot auferlegt worden, ich durfte kein Material zur Veröffentlichung sammeln, durfte für keine Zeitung arbeiten. Fünfzehn Jahre Journalismus hatten ein Ende gefunden. Ich hatte fünf Bücher publiziert, und eins nach dem anderen waren von der Nationalistischen Regierung verboten oder gebannt worden. Es gab in Südafrika keine Zeitung mehr, die mich beschäftigen würde oder konnte, ohne sich der Komplizenschaft beim Verstoß gegen Regierungsanweisungen schuldig zu machen. Also hatte ich aufgehört, vertriebene Landarbeiter zu interviewen, Arbeitsbedingungen und Löhne der Beschäftigten in den Goldminen zutage zu fördern, über Streiks und politische Kampagnen zu berichten. Statt dessen hatte ich zu lernen begonnen, wie man Bücher katalogisiert und klassifiziert, Bibliographien zusammenstellt, und die Regale der Bibliothek erschienen mir ein kümmerlicher Ersatz für die Menschen und das Tempo, die Atmosphäre bei der Zeitung.

Zwei Männer kamen steif auf mich zu.
»Wir sind von der Polizei.«
»Ja, ich weiß.«
»Kommen Sie bitte mit. Oberst Klindt möchte Sie sprechen.«
»Bin ich verhaftet?«
»Ja.«
»Nach welchem Gesetz?«
»Neunzig Tage.«

Irgendwie gelang es mir in der Bibliothek, als ich die Nachschlagewerke auf meinem Tisch zusammenpackte, die Nachricht von D., die man mir morgens überbracht hatte, aus meiner Handtasche zu fischen und unter einen Stapel Notizen zu schieben. In der Nachricht war von einem neuen Treffpunkt die Rede, der einwandfrei und unbekannt war, wie D. schrieb. Er würde dort einige Tage sein.

Die beiden Geheimpolizisten nahmen mich in ihre Mitte, und wir verließen das Universitätsgelände. Ein indischer Student sah, daß ich eskortiert wurde, und rief: »Ist alles in Ordnung?« Ich schüttelte heftig den Kopf, und er stürzte davon in Richtung Telefonzelle; vielleicht erreichte er die Redaktion der Nachmittagszeitung noch vor Redaktionsschluß: Eine Neunzig-Tage-Haft war eine Nachricht wert.

Die Hausdurchsuchung dauerte mehrere Stunden. Sie war schlimmer als andere in früheren Jahren. Manche waren reine Formalitäten gewesen, Routineaktionen gegen ›Agitatoren‹. Nach der Hausdurchsuchung 1956, die angsteinflößend und ausführlich gewesen war, wäre ich beinah wegen Hochverrats angeklagt worden. Ich versuchte, die Gesichter der Kinder zu verdrängen, als man mich abführte. Shawn war in den Garten geflohen, damit ich sie nicht weinen sähe. Ich saß auf dem Vordersitz zwischen zwei feisten Polizisten, drei andere athletisch gebaute saßen auf dem Rücksitz. Ich war fest entschlossen, meine Furcht vor einer möglichen Einzelhaft nicht zu zeigen, und dennoch warf ich mir meinen Leichtsinn vor. Unter einem Stapel Ausgaben von *New Statesmen* lag eine einzelne Nummer von *Fighting Talk*, die ich beim letzten Großreinemachen, als ich alle verbotenen Schriften in unserem Haus vernichtete, vergessen haben mußte. Der Besitz von *Fighting Talk*, dessen Herausgeberin ich neun Jahre lang gewesen war, wurde mit Gefängnis nicht unter einem Jahr bestraft. Arrest und Verhöre auf unbestimmte Zeit standen mir womöglich bevor, unter Umständen, zum Zwecke einer polizeilichen Untersuchung, Isolationshaft; und ich wußte, daß selbst wenn sie nichts aus mir herausbekämen, ich mir diese Haft durch meinen Leichtsinn selbst zuzuschreiben hätte, weil ich nicht sämtliche illegale Literatur aus meinem Haus entfernt hatte. Dieser Gedanke verursachte mir von da an ein bleiernes Schuldgefühl.

Die fünf Grobiane von der Polizei machten während der Fahrt zur Marshall-Square-Wache auf Afrikaans ihre Witze. Nur einmal sprachen sie mich direkt an: »Wir wissen manches«, sagte einer von ihnen. »Wir wissen alles. Das ist alles nur Ihre Schuld. Wir wissen...«

Es war gegen sechs Uhr nachmittags, als wir zur Polizeiwache kamen. Der dickste meiner Begleiter trug meinen Koffer zum Eingang *Europeans Only*. Als wir zur Wache kamen, schaute er nach oben und sagte: »Bye-bye, blauer Himmel«, und lachte über seinen gelungenen Scherz.

»Neunzig Tage«, sagte der Mann vom Sicherheitsdienst zum Polizisten hinter dem Schalter.

»Skud haar« (Stell sie ordentlich auf den Kopf), sagte der diensthabende Polizist zur Aufseherin.

Als wir aus ihrem Büro zurück ins Büro der Polizisten kamen, beschwerten sich alle drei über meinen Koffer. »Das können Sie nicht mitnehmen, das auch nicht, das auch nicht«, und auf dem Tisch häuften sich die verbotenen Kleidungsstücke. Bettwäsche war erlaubt, ein kleines Kissen, ein Schlafanzug, ein Morgenmantel. »Der Gürtel nicht«, bellte der Polizist, auf den Morgenmantel deutend, und der Gürtel wurde aus den Schlaufen gezogen. »Keine Plastiktüte.« Er zog die Watte aus dem Beutel, und sie lag wie das Eingeweide einer hygienischen Riesenraupe da. Kein Stift. Keine Halskette. Keine Nagelschere. Kein Buch. *Die Kartause von Parma* gesellte sich zum konfiszierten Brandy und *dagga* (Haschisch) in der Polizeikammer.

Ich war schon einmal im Frauengefängnis am Marshall Square gewesen, 1956, zu Beginn des Hochverratsprozesses, doch der Grundriß der Wache war immer noch verwirrend. Die

Flure und Höfe, durch die wir gingen, waren menschenleer. Der finstere Gang führte in eine noch finsterere Zelle. Die Zellentür schlug zu, zwei weitere Türen gleichfalls. Es gab nur noch das Bett, auf das ich zugehen konnte.

Was wußten sie? Hatte jemand geredet? Würden ihre Fragen mir mögliche Hinweise geben? Wie sollte ich mich während der Verhöre verhalten, um herauszufinden, was ich wissen wollte, ohne dabei sofort zu erkennen zu geben, daß ich fest entschlossen war, ihnen nichts zu verraten? Wenn ich mich gleich in der ersten Sitzung verstockt zeigte, mich weigerte, mit ihnen zu sprechen, würden sie mir keinerlei Fragen stellen, die mir vielleicht erklärten, worauf sie hinauswollten. Ich mußte eine Methode entwickeln, auf ihre Fragen nicht einzugehen, ohne explizit zu erklären: »Ich werde nichts aussagen.«

Ruhig, doch schlaflos lag ich stundenlang auf dem Bett, bewegte meinen Rücken und meine Beine um die Buckel der Matratze und versuchte mein erstes Verhör zu planen. Würde ich ihren ersten Fragen entnehmen können, ob sie wußten, daß ich in Rivonia war? Verdächtigte man mich nur generell, weil ich zu lange Mitglied des Afrikanischen Nationalkongresses war, zu lange an den Zeitschriften der Freiheitsbewegung mitgearbeitet hatte, um nichts zu wissen; weil ich Mandela und Sisulu, Kathrada und Govan Mbeki kannte, die in Rivonia verhaftet worden waren?* War ich verhaftet worden, weil die Sicherheitspolizei wütend darüber war, daß Joe das Land verlassen hatte – zufällig einen Monat vor dem verhängnisvollen Überfall auf Rivonia? Erwartete man eine Erklärung von mir, warum Joe gegangen war? Hatte man mich auf dem Weg zu einem verbotenen Treffen beobachtet? Hatte die Polizei zwischen anderem Belastungsmaterial Papiere gefunden, die auf meiner Schreibmaschine geschrieben worden waren?

Oder hielt die Sicherheitspolizei mich nicht fest, um mich zu

---

* Einen Monat vor meiner Verhaftung, im Juli 1963, hatte der Sicherheitsdienst Nelson Mandela und andere politische Führer bei einem Überfall auf ein Haus im Johannesburger Vorort Rivonia verhaftet. Das Haus hatte als heimliches Hauptquartier des Befreiungskampfes gedient, der vom ANC geführt wurde. In jenem Prozeß, später als Rivonia-Prozeß bekannt, wurden Mandela und seine Bundesgenossen der Sabotage und Planung des gewaltsamen Sturzes der Regierung Südafrikas angeklagt und zu lebenslänglichen Freiheitsstrafen verurteilt.

verhören, sondern weil sie durch ihre Untersuchungen auf mich aufmerksam geworden waren und mich verurteilen wollten? Versuchten sie meine Flucht zu verhindern, bis die Polizei eine Anklageschrift verfaßt hatte? Ich beschloß, bei meinem ersten Verhör nicht eher zu reden, bis ich wußte, welche Vergehen man mir vorwarf. Auf die Frage, ob ich bereit sei zu reden, würde ich erklären, das könne ich unmöglich sagen, bevor ich nicht wüßte, ob mir eine Verurteilung drohe. Eine Verhaftung aufgrund des Neunzig-Tage-Gesetzes könne schließlich alles bedeuten. Es könne benutzt werden, um Gefangene zu Geständnissen zu zwingen, und selbst wenn diese Geständnisse – bei der damaligen Rechtslage – nicht gerichtsverwertbar waren, so konnten sie doch den Verdacht der Sicherheitspolizei bestätigen und eine Anklage auslösen. Meine Gesetzeskenntnis war vage, als Frau eines Rechtsanwaltes wußte ich einiges vom Hörensagen, dazu kam meine eigene Erfahrung mit der Polizei als politisch engagierte Organisatorin und Journalistin. Wer verhaftet wurde, hatte bei seiner Vernehmung Recht auf die Hilfe eines Anwalts. Wenn man mir keinen Beistand durch einen Anwalt zubilligte, würde ich darauf bestehen, daß ich mich, so gut ich konnte, selbst verteidigte. Also konnte ich unmöglich irgendwelche Fragen beantworten, bevor ich wußte, ob die Polizei bereits Beweismaterial gegen mich sammelte. Und – so würde ich erklären – ich könne natürlich auch nicht im voraus sagen, ob ich ihre Fragen beantworten würde. Ich müßte wissen, was sie wollten, dann wüßte ich auch, wie ich mich verhalten würde. Es war ein Katz-und-Maus-Spiel, das nur von begrenzter Dauer sein konnte, das wußte ich, doch es würde sich lohnen, bis ich einiges über ihre Taktik herausgefunden und womöglich etwas über den Stand der polizeilichen Ermittlungen in Erfahrung gebracht hätte. Wenn sie das Spiel leid wären oder – was nicht schwer war – durchschauten, hatte ich nichts verloren. Die Zeit war sowieso auf ihrer Seite. Wenn sie sich in die Karten schauen ließen und absichtlich oder zufällig zeigten, was sie über meine Aktivitäten wußten, hatte ich noch nichts gesagt und wäre obendrein gewarnt. Falls ich bald vor Gericht käme, würde ich hoffentlich mit Hilfe eines Anwalts die Schwere der Beweise einschätzen können, die gegen mich vorlagen. Immerhin bestand die

Möglichkeit, daß sie einiges an Informationen durchsickern ließen, und vielleicht war es sogar möglich – obwohl es in dieser ersten Nacht in der Zelle unwahrscheinlich erschien –, daß ich diese Informationen nach draußen geben könnte, um jene zu warnen, die noch frei waren.

Bevor ich einschlief, kam mir die sorgfältig gefaltete verbotene Ausgabe von *Fighting Talk* wieder in Erinnerung. Im besten Falle würde ich freigelassen, weil kein Beweismaterial gegen mich vorlag... und ich dem Druck der Verhöre standgehalten hatte... Aber ich würde vor Gericht gestellt und zu Gefängnis verurteilt, weil ein einzelnes Exemplar einer verbotenen Zeitschrift hinten in meinem Bücherschrank gelegen hatte. Wie unordentlich von mir! Besonders gut würde sich diese Meldung in der Zeitung nicht machen!

*

Ich schlief ein, um bald wieder aufzuwachen. In meinen Ohren pochte der Lärm der Polizeiwache. Die Zelle lag isoliert und war dennoch einer Kakophonie von Geräuschen ausgesetzt. Ich lag inmitten des Lärms und konnte nichts sehen. Draußen heulten Motoren, Auspuffrohre knatterten, Wagentüren schlugen, und laut und kurz klangen Kommandos. Nur die Häftlinge schwiegen sklavisch ergeben. Es war Freitagnacht, die Nacht der Polizeirazzien. Polizeifahrzeuge und *kwelakwelas**, uniformierte Polizisten, Geheimpolizisten in Zivil durchkämmten Lokale und Pensionen, Höfe und Spelunken, um die Stadt von Verbrechen zu säubern, und die Tore der Wache am Marshall Square standen weit offen, um die Beute dieses Streifzugs in Empfang zu nehmen.

Plötzlich wurde es auf der anderen Seite des Bettes laut. Türen, die zu anderen Türen führten, wurden geöffnet, die letzte keinen Meter entfernt; ich bekam Nachbarschaft, direkt gegenüber, ein ungesehenes, gestaltloses Wesen, das im Delirium wie eine Krähe fluchte.

»Wasser, Wasser. *Ek wil water kry.* Um Himmels willen, gebt mir etwas zu trinken.«

Keuchen und Würgen, dann wieder Geschrei. Wasser, Was-

---

* Der afrikanische Name für Grüne Minna. *Kwela* bedeutet Springen!, und diesen Befehl schrien die Polizisten den Festgenommenen zu.

ser. Mein Hals war mit einemmal trocken, und ich lechzte nach Wasser.

Noch zweimal wurde ich durch das Scheppern der Türen aus dem Schlaf gerissen, und die Aufseherin kam herein. Sie machte ihre Runde, um wie gewöhnlich die Gefangenen zu zählen. »Schlafen Sie nie?« fragte sie.

Auf einmal öffnete sich lärmend die Tür und eine andere Aufseherin starrte in die Zelle. Sie brachte ein Blechtablett mit einem harten Ei, zwei Brotkanten und Kaffee in einer ehemaligen Marmeladenbüchse. Minuten später wurde die Krähe von gegenüber abgeführt. Die Aufseherin führte mich aus der Zelle, vorbei an einer weiteren Einzelzelle, in den Gemeinschaftsschlafsaal, in dem es hinter einer halbhohen Wand Waschbecken mit kaltem fließendem Wasser und eine Toilette ohne Deckel gab. Zu dem kalten Wasser bekam ich einen halben Eimer heißes Wasser, ich wusch mich, zog den Schlafanzug und meinen Morgenmantel an und wurde wieder in meine kleine Zelle geführt, kletterte zurück ins Bett. Mein erster Tag auf der Polizeiwache hatte begonnen.

※

Ich war in schlechter Verfassung, ich hätte weinen können. Ich hatte keine Kleider. Keine tägliche Dosis Tabletten gegen meine Schilddrüseninsuffizienz. Mein beschlagnahmter roter Koffer, den ich mit allen Erfahrungen der vielen vor mir Verhafteten so sorgfältig gepackt hatte, war das einzige gewesen, das mich mit meiner Außenwelt verbunden hatte, in diesem Koffer waren die Tröstungen gewesen, die mir über Elend und Eintönigkeit des Gefangenendaseins hätten hinweghelfen können. Ich saß im Schneidersitz auf dem Bett, zusammengekauert in der Kälte, und hatte meinen Katzenjammer.

Die Tür öffnete sich scheppernd, und ein Zwerg von einem Mann erschien und erklärte, er sei der Kommandant der Wache. »Irgendwelche Klagen?« fragte er. Eine Routinefrage beim täglichen Kontrollgang. Ich nahm sie ernst. Ich beschwerte mich, daß man mich ohne Anklage festhielt, daß ich in Einzelhaft saß. Der Kommandant machte durch sein eisernes Schweigen klar, daß er der falsche Adressat meiner Vorwürfe war. Ich wollte meine Klagen zu Protokoll geben, hatte ich beschlossen. Kein Gefängnis- oder Polizeibediensteter sollte den Eindruck bekommen, daß ich meine Haft akzeptierte. Doch am Ende meiner Litanei an jenem ersten Morgen jammerte ich: »…und alle meine Sachen hat man mir abgenommen… Ich will meinen Koffer wiederhaben, meine Kleider, meine Medikamente…«

»Wo ist ihr Koffer?« fuhr der Kommandant die Aufseherin an, die gab die Frage an den Zellenwärter weiter.

»Herbringen. Alles. Sämtliche Sachen.«

Der Zellenwärter verschwand im Laufschritt. Der rote Koffer kam zum Vorschein, verschlossen mit einer Banderole aus rosa Klebstreifen. Der Kommandant begann den Inhalt des Koffers zu inspizieren, wich angesichts der Unterwäsche zurück.

»Sie kann den Kram haben!« sagte er.

Die Aufseherin, die über seine linke schiefe Schulter die Kosmetika beäugte, sagte schrill: »Die Flaschen darf sie nicht… die Flaschen… Flaschen in der Zelle sind verboten.«

Der Kommandant drehte sich nach ihr um. »Hier bestimme ich«, erklärte er. Er hatte bestimmt.

Der Zellenwärter nahm die rosa Banderole an sich, und der Koffer blieb in der Zelle. Im Koffer war eine Pinzette, ein Taschenspiegel, Nadel und Faden, meine Armbanduhr, alles verbotene Gegenstände. Und Glasflaschen, die die Aufseherinnen mehr beunruhigten als sonst irgendein Verstoß gegen die Gefängnisregeln, denn Regel Nummer eins lautete: Kein Glas in der Zelle. Später begriff ich, warum.

Während meines Aufenthalts in der Wache am Marshall Square symbolisierte der Koffer den Unterschied zwischen mir und den übrigen Gefangenen. Ich lebte in der Zelle, für die anderen war sie eine Durchgangsstation. Ich hatte meine Ausstattung, hatte Reserven. Ihnen hatte man den Lippenstift abgenommen, den Kamm; sie bekamen sie nur zum Gebrauch zurück, wenn sie dem Richter vorgeführt werden sollten. Die übrigen Gefangenen waren in den Kleidern eingesperrt worden, die sie bei ihrer Festnahme trugen, und wenn sie frische Wäsche brauchten, mußten sie die Aufseherinnen überreden, daß man bei ihnen zu Hause anrief, damit ein Angehöriger ihnen etwas brachte. Ich hatte meinen Koffer. Ich hatte meine Vorräte. Ich war eine Langzeitinsassin.

Am ersten Tag war es ein seltsamer Trost gewesen: Ich hatte meinen Kampf um den Koffer gewonnen. Ich hatte mir überlegt, wie ich mit der Sicherheitspolizei umgehen würde. Einsamkeit und Untätigkeit würden unaussprechlich öde sein, doch deshalb sich zu sorgen war zu früh, und solange ich konnte, würde ich die Zeit, die ich endlich hatte, genießen. Ich hatte Zeit zum Nachdenken, ununterbrochen, ungestört von den Anforderungen des Alltags und der Arbeit. Die Aufseherin der Nachmittagsschicht schien sich zu wundern, wie ruhig ich meine Lage hinnahm. »Sie holen Ihren Schlaf nach«, sagte sie. »Bald langweilen Sie sich.«

Ich versuchte die Geräusche auf der Polizeiwache einzuordnen. Dreimal schepperte es, bevor die Aufseherin in der Tür stand: Eine Tür schien vom Innern der Wache zu den Zellen der weiblichen Gefangenen zu führen; etwa acht Schritte später gab es eine Tür, die diese Zellen vom Hof trennte; und dann kam meine Zellentür. Auf das erste Schlüsselklappern kamen zwei weitere, dann folgten etwa vierzehn Schritte, bevor die Polizei mich in Augenschein nehmen konnte. Wenn ich nicht gerade fest schlief, konnte mich niemand überraschen. Egal, wie leise die Aufseherin die Türen aufschloß, sie konnte ihr Kommen nicht ungehört machen. Die Schlüssel waren zu schwer, die Schlösser knarrten, und die Stahltüren hallten laut. Der Anblick des größten Schlüssels am Bund der Aufseherin faszinierte mich: Das war der Schlüssel, der die erste Tür öffnete. Er war vielleicht fünfzehn Zentimeter lang, doch wenn ich ihn im Schloß klappern hörte, wuchs er in meiner Phantasie und schien so groß wie ein Schürhaken.

Ständig war das elektrische Licht eingeschaltet, Tag und Nacht, doch am Wechsel der Aufseherinnen wußte ich, wann eine neue Nachtschicht angefangen hatte. Wie in der vorhergehenden Nacht probte ich meine erste mögliche Konfrontation mit dem Sicherheitsdienst. Meine Rolle bei diesem Treffen wurde mir zusehends vertraut, und ich vervollkommnete in Gedanken meine Technik, die Fragen des mir noch unbekannten Gegenübers möglichst mehrdeutig und ausweichend zu beantworten.

Ich verdrängte den Wirrwarr von Ideen, von Gedanken an verschiedene Leute draußen und beschloß, ein Problem nach dem anderen anzugehen und mir soviel wie möglich für zukünftige Tage und Nächte vorzubehalten. Ich verschob die Frage, wie ich die Zeit verbringen würde. Auch das war ein Thema für zukünftige Stunden. Jetzt gab es Dringlicheres, und ich mußte mit meinen Gedanken haushalten.

Ich schlief ein. Die nächtliche Routinekontrolle kam; zwei lärmende Betrunkene wurden aufgenommen.

Als hätte jemand in der Zelle über mir genau die Stelle ausfindig gemacht, wo mein Kopf sich befinden mußte, zerschmetterte oben eine Flasche, zerbarst auf dem Betonboden.

Am nächsten Tag war Sonntag, im Gefängnis ein höllischer Tag. Die Zellentür wurde aufgerissen, und die Aufseherin, der Wärter und drei Polizisten starrten herein, als trauten sie ihren Augen nicht. Aus dem inneren Bereich der Wache drang anhaltendes Rufen, über uns wiederholtes Türenschlagen. Eine halbe Stunde früher als gewöhnlich ließ der Kommandant die Zellentüren öffnen. Er sagte das Übliche: »Irgendwelche Klagen?«, doch er war schon wieder draußen, bevor er meine Frage: »Gibt es keinen Hofgang?« beantworten konnte. Die Aufseherinnen wirkten verbissen, angespannt. Unter den Beschäftigten der Polizeiwache schien ein Fieber zu wüten, und die erhöhte Temperatur wirkte sich auch auf die Gefangenen aus.

In jener Nacht gab es vier statt zwei Kontrollen. Ich versuchte die nächtlichen Geräusche zu rekonstruieren und war mir sicher, daß jemand ins Frauengefängnis eingeliefert worden war; jemand war in der mir gegenüberliegenden Zelle, denn die Aufseherin der Morgenschicht trug zwei Tassen Kaffee.

Unerwartet sagte eine hohe, eigensinnige Stimme: »Ich bekomme meine Tage, Aufseherin, ich brauche Watte.«

»Anne-Marie!« rief ich. »Anne-Marie... du, hier! Aufseherin, ich habe Watte.«

Die Zellentür öffnete sich lange genug, daß ich die Watte hinausreichen und einen Blick auf Anne-Marie Wolpe werfen konnte – die Frau unseres guten Freundes Harold –, schmal und verstört saß sie auf der Kante ihres hohen Bettes.

Wenn Anne-Marie verhaftet worden war, mußte Harold in Sicherheit sein. Die Flucht war gelungen, entnahm ich daraus. Sechsunddreißig Stunden, bevor ich ins Gefängnis am Marshall Square gebracht worden war, hatte man einen Ausbruch geplant...

✳

Chiba, der Gefangene in Neunzig-Tage-Haft, lag flach auf dem Boden seiner Zelle, damit er durch den Spalt unter seiner Tür die flüchtigen Schatten und Gestalten sehen konnte.

»Hat einer rotes Haar?« rief er Arthur Goldreich zu, der die Rolle des exzentrischen Künstlers mit Landsitz gespielt und so die geheimen politischen Aktivitäten in den Nebengebäuden gedeckt hatte.

Es war Harold Wolpe mit rotgefärbtem Haar und Bart, der von zwei Polizisten flankiert wurde; er war an der Grenze zu Bechuanaland auf der Flucht gefaßt worden, und als er zur Wache am Marshall Square gebracht wurde, peinigten ihn alptraumartige Ängste, ob sie seine Fingerabdrücke, seine Schreibmaschine, seine handschriftlichen Notizen gefunden hätten.

»Gibt es eine Möglichkeit, hier herauszukommen?« fragte Harold, als er Arthur zum erstenmal unbeobachtet sprechen konnte.

Die beiden, dazu der Aktivist des Indischen Jugendkongresses, Jassat, und Mosie Moolla aus der Nebenzelle benutzten ihre Aufenthalte auf der Toilette, um sich an den Gitterstangen des hohen Fensters hinaufzuziehen, und zählten die Mauersteine, maßen den Abstand zwischen Dach und Wand bis zum dichten Drahtgeflecht über dem Block des Frauengefängnisses und hinunter zum Boden draußen. Botschaften wurden hinaus- und Metallsägeblätter hereingeschmuggelt. Es wurde gesägt; um das Geräusch zu übertönen, wurde laut gepfiffen und immer wieder die Toilettenspülung in Gang gesetzt. Nach drei Minuten Sägen am gehärteten Stahl des Gefängnisgitters war ein Sägeblatt stumpf. Weitere Sägeblätter wurden eingeschmuggelt, in allen Formen und Größen, das Sägen ging weiter, doch die Gitterstäbe blieben fest. Es war der junge Mosie, dessen Charme der junge Wärter nicht widerstehen konnte. Und als Mosie ihm die Idee einer möglichen Flucht unterbreitete, erklärte er, daß er mitmachen würde, wenn seine Komplizenschaft hinterher nicht erkennbar wäre.

»Mich können keine vier Männer überwältigen, ich bin stark wie ein Löwe«, sagte der Wärter, also war es Arthurs Aufgabe, ihn mit einer Eisenstange k. o. zu schlagen; den ganzen Fluchttag über probte er mit flauem Gefühl im Magen Stockhiebe auf sein Kopfkissen, die nicht tödlich sein durften.

An jenem Abend stopften die vier zusammengerollte Wolldecken unters Bettzeug, zogen ihre Mäntel an und warteten.

Doch unten wurden vier betrunkene Fahrer eingelocht, und die ›Operation Ausbruch‹ geriet deshalb auf den zweiten Platz, zuerst mußten die taumelnden Neuinsassen ärztlich behandelt werden, mußten ihnen umständlich Quittungen über ihre Habseligkeiten ausgestellt werden.

Der junge Wärter erschien mit den Schlüsseln.

»Okay, los!« sagte er und hielt Arthur davon ab, ihm behutsam eins über den Schädel zu geben. Er hatte beschlossen, sich lieber selbst den Schädel blutig zu schlagen. Als Arthur aus seiner Zelle trat, stolperte er über eine Limonadenflasche. Auf Zehenspitzen gingen die vier hinaus. Ecke Main- und Sauerstreet gingen gerade, wie auf Bestellung, die drei hellen Straßenlaternen aus. In einem Hof voller leerer Volkswagen wurden die Sägeblätter in einen Mülleimer geworfen. Die vier trennten sich. Mosie und Jassat wollten zur indischen Siedlung in Fordsburg gehen. Arthur und Harold warteten verzweifelt auf den Wagen, den man ihnen schicken wollte. Zwei weiße Clochards versuchten sie in einen Streit zu verwickeln. Arthur pinkelte in einer finsteren Ecke, als der Wagen sie schließlich auflas.

VIER MÄNNER AUS NEUNZIG-TAGE-HAFT GEFLOHEN, *lauteten die Schlagzeilen der Zeitungen.* EHEFRAUEN IN HAFT. *Eine massive polizeiliche Suchaktion nach den Ausbrechern folgte. ›Goldreich, der Hauptgefangene des Sicherheitsdienstes, ist immer noch flüchtig. Polizeipatrouillen im ganzen Land.‹ ›Polizei erhält zahlreiche Anrufe bezüglich der Ausbrecher.‹*

DAS NETZ WIRD ENGER. *1000 Rand Belohnung werden auf die Ergreifung jedes Flüchtigen ausgesetzt. Wohnungen von Indern im Bezirk Transvaal und Wohnungen und Clubs in Johannesburg werden nach den vieren durchsucht. ›Wer hat zwei Europäer zusammen mit zwei Indern gesehen?« fragten Beamte in Zivil. Auf dem Höhepunkt der Menschenjagd werden im Rundfunk alle zwanzig Minuten Beschreibungen der vier durchgegeben, und alle Weißen werden aufgerufen, sich an der Jagd zu beteiligen.*

Elf Tage lang wohnten Arthur und Harold in einem leerstehenden Haus, aßen rohen Speck, weil das Kochen zuviel Lärm machte, konnten den Heizofen nicht einschalten, weil er rot glühte. Das Knarren der Dielen klang in ihren Ohren wie Revolverschüsse. Abends gegen fünf kamen Dämmerung und Depression. »Als wären wir wieder in unserer Zelle«, sagte Harold.
Vor jedem zu fassenden Entschluß stieg die Anspannung, erst die Schritte und Taten brachten Erleichterung. Von einem Versteck zum nächsten und übernächsten. Aus dem Unterschlupf in Johannesburg über die Grenze nach Swaziland. Sechs Stunden lagen die beiden unter einer Zeltplane. Dann konnten sie sich endlich strecken und bewegen, aufstehen, reden und in den Wind rufen.

GOLDREICH UND WOLPE NACH FRANCISTOWN ENTKOMMEN *hieß es in der Zeitung vom 28. August. Minister Vorster erklärte: ›Sie waren unsere fettesten Fische.‹ Sie waren als Priester verkleidet nach Swaziland geflogen worden.*
In Francistown, Bechuanaland, morgens um 4.15 Uhr wurde Goldreich durch Klopfen an sein Fenster geweckt: »Ihr Flugzeug ist in die Luft gesprengt worden.« Das zweite Flugzeug, das sie charterten, hatte nur noch für zehn Minuten Treibstoff, als sie in Elizabethville landeten ... Im Nachtclub vollführten Schwarze und Weiße Freudentänze.

*

Im Gefängnis am Marshall Square tauchte beim Hofgang der Männer ein neuer Gefangener auf: ein Polizist mit Grübchen, doch ohne Uniform.
Wenige Stunden nach dem Ausbruch, bevor er seine Belohnung kassieren konnte, brach Johannes Arnoldus Greef, der erst kürzlich die Polizeischule in Pretoria absolviert hatte, zusammen und machte ein Geständnis.

Greefs Gesuch um Freilassung auf Kaution wurde an seinem neunzehnten Geburtstag verhandelt und abgelehnt, so daß der junge Polizist zurück ins Gefängnis kam.

*

Dr. Percy Yutar, das war allen, die ihn in jenen Monaten trafen, offensichtlich, strebte den Posten des Generalstaatsanwalts im bevorstehenden Rivonia-Prozeß an. Umringt von Sicherheitsbeamten, die ihn bewunderten, arbeitete er in der Zentrale des Sicherheitsdienstes »The Grays« in Johannesburg, studierte das bei den Polizeirazzien gesammelte Material, sichtete die Ergebnisse der Verhöre von Opfern der Neunzig-Tage-Haft. Der Rivonia-Prozeß stand noch einige Monate bevor: Der Prozeß gegen den Polizisten Johannes Arnoldus Greef konnte als Auftakt dazu dienen.

Greef wurde vor Gericht zweier Vergehen beschuldigt: Bestechlichkeit und Fluchthilfe in vier Fällen. Sein Motiv war einleuchtend. Er war knapp bei Kasse gewesen. Er brauchte ein neues Paar Schuhe, Geld, um Autoreparaturen zu bezahlen, immer mehr Geld. Im Verlauf des Prozesses bekannte er sich schuldig. Das Personal des Marshall-Square-Gefängnisses wurde in den Zeugenstand gerufen. Als einer der Polizisten als Zeuge befragt worden war, schaute er zu Greef hinüber, der während des ganzen Prozesses ein nervöses Lächeln zur Schau trug, und winkte ihm zu. Während der Prozeßpausen unterhielten sich die Polizisten mit Greef, so berichteten die Zeitungen, und machten ihm ermunternde Handzeichen. Doch zu Hause in Rustenburg schloß seine Mutter die Fotografien von ihm fort. Er hatte »Schande über die Familie gebracht«, erklärte sie. »Was er getan hat, ist unehrenhaft.«

Dr. Yutar fand, es sei weitaus ernster als das. Es sei der Fall eines jungen Polizeibeamten, »der den üblen Machenschaften von Verrätern erlegen sei, die eine gewaltsame, teuflische Revolution im Lande planten, eine Verschwörung mit allen militärischen Mitteln«.

Hier wurde ein Exempel statuiert im Hinblick auf alle Staatsfeinde, die während des Überfalls auf Rivonia gefaßt worden waren, und deren Komplizen, die nun dingfest gemacht wurden. Zur rechten Zeit würden sie alle vor Gericht gestellt werden, doch diesen Zeitpunkt bestimmte allein der Sicherheitsdienst. Inzwischen wurde Greef zu sechs Jahren Gefängnis verurteilt.

Zweites Kapitel

Leben in einem
Polizeigefängnis

Anne-Marie wurde aus ihrer Zelle geholt. Eilig. »Der Richter wartet«, rief die Aufseherin. Ein Sergeant begleitete sie. Als das Mittagessen kam, war die gegenüberliegende Zelle immer noch leer. Dann erschien Anne-Marie wieder, doch nur um ihre Sachen zu packen. Anschließend wurde sie wieder fortgebracht. Das war das letzte, was ich von ihr sah.

Drei Männer in Zivil wurden in meine Zelle geführt. Sie tasteten die Wände ab, betrachteten eingehend das Fenster und gingen wieder. Während des ganzen Tages wurde die Zelle mehrmals geöffnet und wieder geschlossen. Des Nachts ebenfalls, auch am folgenden Tag, in der folgenden Nacht.

Die ganze Woche über herrschte hektische Unruhe auf der Polizeiwache. Köpfe mußten fallen. Doch wessen? Die der Gefangenen oder der Polizisten? Marshall Square, die wichtigste Polizeiwache des Landes, war in Mißkredit geraten. Das Problem wurde an höchster Stelle diskutiert. Der Sicherheitsdienst inszenierte eine Menschenjagd. Das ganze Land spielte mit, ein Gefängnisausbruch interessiert schließlich jeden, ein Behördenskandal ebenfalls – wenn beides zusammentraf, hatte das geradezu etwas Befriedigendes – wenigstens für Außenstehende.

Doch am Marshall Square war die Stimmung bedrohlich, Rache und Vergeltung lagen in der Luft. Etwas würde geschehen, doch nichts wurde lautbar. In der Wache wurde etwas ausgeheckt, man wartete, und wir, die Gefangenen, warteten mit.

Immer noch öffneten und schlossen sich die Zellentüren. Die Führung der Distriktpolizeikommandantur in Johannesburg kam, um uns Gefangene, die Türen, die Fenster, die Gefängnisanlage zu inspizieren. Ein Oberst, dann ein Major, ihm folgte ein Brigadier. Einen halben Tag herrschte Ruhe, dann erschienen zwei Männer von der Hochbauabteilung, im Hintergrund ihre afrikanischen Arbeiter, dann der Inspektor der

Hochbauabteilung persönlich. Die Nacht über gaben sich alle militärischen Rangfolgen die Tür in die Hand, inspizierten eine Zelle nach der anderen. Goldene Tressen und Mützen, blaßblau dekoriert, kamen und gingen wie eine Parade in Technicolor. »Irgendwelche Klagen?« fragten sie, denn irgend etwas mußten sie sagen. »Ich möchte hier heraus«, erwiderte ich aus meiner Deckenhöhle, und die Offiziere knurrten ihre Untergebenen an oder starrten ungläubig.

Am vierten Tag fragte ich den kleinen Stationskommandanten, wie es mit dem Hofgang stünde.
»Hofgang! Der muß warten. Sehen Sie nicht, daß dieser Ort ein *dinges** ist?«
»Ein *dinges*?« Ich tat so, als verstünde ich nicht.
»Oh, also ein Durcheinander«, und er fügte finster hinzu: »Hier werden bald harte Sitten herrschen, sehr harte. Bis jetzt haben Sie noch Glück gehabt.« Er war halbwegs aus der Tür, »…und schaffen Sie besser die Flaschen fort!«

»Slovo!« Schlüssel rasselten, und die Tür scheppterte.
»Goldreich!« Mit einemmal stand die sanfte Hazel, Arthurs Frau, vor mir, und wir blinzelten einander im Sonnenlicht an. Die Aufseherin marschierte in Richtung Männergefängnishof, und Hazel und ich stolzierten hinterher, begrüßten einander überschwenglich. Zu bald kamen wir in den Hof, wo ein Fotograf des Sicherheitsdienstes Kamera und Blitzlicht plus eine Liste der Gefangenen gezückt hielt. Während ich, Rücken an die Backsteinwand, fotografiert wurde, warf Hazel einen Blick auf die Liste. »Anne-Marie ist frei«, zischte sie, nachdem sie auf der Liste neben dem Namen A. Wolpe das Wort *ontslaan* (entlassen) entdeckt hatte.
»*Ai… Aai…* sie sind zusammen… sie sind zusammen!« Der Kommandant hatte den Hof betreten und geriet in helle Aufregung, als er mich mit Hazel sah. Die Aufseherin war verdattert. Sie sollte Slovo und Goldreich zum Fotografen bringen. Das war schließlich eine Anweisung des Sicherheitsdienstes, niemand hatte ausdrücklich gesagt: »Aber nicht beide zusammen.« Wir wurden schleunigst einzeln in unsere Zellen ver-

---

* Afrikaans für Dingsda.

frachtet. Doch wir hatten uns getroffen, und obwohl die Vorsichtsmaßnahmen strenger denn je waren, wußten wir, daß wir von Mauern getrennt einander Gesellschaft leisteten, und das Wissen um die Anwesenheit einer Mitgefangenen, die ein gleiches Los erlitt, stärkte mir den Rücken.

Bald machte der kleine Kommandant keine Inspektion mehr. Es gab einen neuen Chef, einen aufgestiegenen Polizeihauptmann, der zur Verbesserung der Sicherheit auf diesen Posten versetzt worden war. Wenn er die Gefangenen inspizierte, trug er seine Mütze auf dem Kopf und unterm Arm den Hauptmannsstock. Der Wärter stand strammer, und die Aufseherinnen hielten sich gerader.

»Was ist los?« fragte ich eine Aufseherin.

»Wir dürfen nicht mehr mit Ihnen reden«, fuhr sie mich an.

Zwei weiße und drei afrikanische Arbeiter kamen mit ihrem Werkzeug. Der Schweißbrenner zischte, gleißend blaue Funken flogen; sie begannen außen an meiner und der gegenüberliegenden Zellentür zu schneiden. Ich hörte sie draußen im Hof an Hazels Tür arbeiten. Offensichtlich hatte die Polizeiführung einen Beschluß gefaßt. Vier Gefangene waren entwichen, also bekamen die restlichen, noch zu verhörenden Gefangenen an ihren Türen Doppelschlösser oder Dreifachschlösser, wenn sie schon doppelte hatten. Der Schweißbrenner spuckte züngelnde Flammen, schnitt große Öffnungen in die Zellentüren des Frauengefängnisses, anschließend hörte man sie oben im ersten Stock lärmen. Als nächstes kam ein Schmied und brachte an der Außenseite der Tür ein schweres Riegelschloß an. Schließlich wurde der ganze Sinn der Aktion deutlich. Zur nächsten Frühschicht erschien ein neuer Wärter. Außer den üblichen Schlüsseln trug er einen neuen Bund, dessen Schlüssel jeweils gelbe Metallnummern trugen. Die einzige Aufgabe dieses neuen Wärters bestand darin, die Schlüssel zu den zweiten Schlössern an den Zellentüren der politischen Gefangenen zu bewachen. Die Aufseherinnen hatten ihre Schlüssel wie zuvor: einen für das Frauengefängnis, einen für den Hof, einen für die Zellen. Doch ohne den Schlüsselmann konnten die Aufseherinnen nicht mehr zu uns. Wenn das Essen gebracht wurde, wenn wir zur Toilette mußten, wenn der Kommandant zur Inspektion kam, wenn wir nachts krank würden oder der Sicherheitsdienst uns verhören wollte, immer mußte der Schlüsselmann zuerst aufschließen.

Zu den Mahlzeiten geriet der Schlüsselmann in Panik, rannte von den Zellen oben nach unten, um reihenweise aufzuschließen. Das neue Schloß mußte vor seinen Augen verriegelt werden. Er trug persönlich und dienstlich die schwere Verantwortung, daß die politischen Gefangenen sicher in ihren Zellen eingeschlossen saßen. Seine Gegenwart war den Wärtern eine ständige Ermahnung, daß einer von ihnen versagt hatte. Die Schlüssel in den Händen der Aufseherinnen, einst Zeichen ihres Amtes, waren nun ein Hohn. Die Aufseherinnen schlossen die Gefangenen in ihre Zellen, doch sie besaßen keinerlei Entscheidungsgewalt mehr. Sie waren zu Dienstmädchen heruntergekommen, zu Botinnen, die ausgesandt wurden, einen Mann mit einem Schlüsselbund zu holen. »Ich möchte auf die Toilette«, rief ich, wenn die Aufseherin in Hörweite war. »Ich muß erst nachsehen, ob ich die Schlüssel bekommen kann«, rief die Aufseherin mürrisch und machte sich auf den Weg, den Schlüsselmann zu drängen, diese Tür vorrangig zu öffnen. Wenn die Aufseherinnen nicht gerade die Langsamkeit des Schlüsselmanns verfluchten, murrten sie über den Wärter, der dies alles verschuldet hatte. »Der verdammte Greef! Was hat er sich dabei bloß gedacht? Und am Ende hat er nicht einmal die Belohnung gekriegt…«

Der Schlüsselmann hatte eine denkbar angesehene Position. Die verschlossenen Türen waren eigentlich immer undurchdringlich gewesen; die schweren Riegelschlösser unterstrichen lediglich die Undurchdringlichkeit. Die menschliche Schwäche, nicht der Stahl hatte sich als bezwingbar erwiesen. Nun war ein Polizist über alle anderen erhoben worden. Big Brother war aus der Versenkung aufgetaucht und beobachtete alles. Doch eigentlich tat er nicht mehr und nicht weniger, als die Schlüssel in den Schlössern zu drehen, und das auf Wink und Ruf derjenigen, die sonst womöglich in Versuchung gerieten; und sein Hochgefühl, Gegenstand höchstamtlichen Vertrauens zu sein, wandelte sich bald in Unzufriedenheit und Langeweile.

Was mich anging, so gewöhnte ich mich mit beängstigender Leichtigkeit an ein trostloses, elendes, eingeschlossenes Leben in einer stickigen, schmutzigen Betonzelle. Ich war in

Einzelhaft, so lautete der Befehl. Die Zelle war ohnehin zu klein für eine weitere Gefangene. Es gab niemanden, mit dem ich mich im Gefangenenjargon unterhalten konnte: Warum bist du hier? Warst du schon mal hier? Meinst du, daß du wieder hinauskommst? (*Niemals*: Hast du es wirklich getan...?) Oh, ich? Eine Politische. Neunzig Tage. Was hast du gesagt? Ich versuchte, in der Isolation einen Vorteil zu sehen. Doch das Dröhnen der Stahltüren, die Zellentür ohne Klinke, die nicht endenwollenden Inspektionen waren eine ständige, spürbare Demütigung. Ich war eingekerkert.

Noch anderes erinnerte mich daran. Mitten in der Zellentür war das pfenniggroße Guckloch. Sein Zweck war – so war es vorgeschrieben –, daß die Gefangenen von draußen beobachtet werden konnten, keine Gefangene sollte jedoch von innen herausschauen. »Weg von der Tür!« rief die Aufseherin, wenn sie ein Auge durch das Guckloch spähen sah. Das Guckloch gehörte zu ihrem Instrumentarium, so konnte sie sehen, ob eine Gefangene auf dem Bett saß oder nicht. Ob sie saß oder lag. Lachte oder weinte. Zur Wand oder zur Tür sah. Lebendig oder tot war. Gefangen oder ausgebrochen. Ich mochte das Guckloch nicht, empfand das Spionieren als massiven Eingriff in meine Privatsphäre. Insbesondere wehrte ich mich dagegen, daß jemand mich durch das Loch ansprach. »Wenn Sie mich sehen wollen oder wissen wollen, ob ich noch da bin, machen Sie die Tür auf«, erklärte ich Polizisten und Aufseherinnen. »Spionieren Sie nicht durch dieses Guckloch hinter mir her.« Ich haßte die nächtlichen Inspektionen, wenn Polizeibeamte aus der Kaserne kamen und sich ans Guckloch schlichen, um die Gefangenen zu beobachten. Manche der Aufseherinnen teilten meine Entrüstung, das Guckloch ging gegen ihr Schicklichkeitsgefühl. Wenn ein Wärter eine Gefangene sehen wollte, sollte er ihrer Meinung nach die Aufseherin bitten, die Tür zu öffnen und zuerst zu kontrollieren, ob es für einen Mann gerade sicher sei. Nur dann durfte der Polizist die Zelle inspizieren. (Nach allgemeiner Übereinkunft sollte der Schlüsselmann die Zelle mit geschlossenen Augen öffnen.) Ich benutzte das Guckloch, um festzustellen, was sich draußen auf dem engen Gang vor meiner Zelle abspielte. Vielleicht wurde gerade eine andere politische Gefangene gebracht, vielleicht kannte ich sie. Ich konnte am Gesichtsausdruck einer Gefangenen erkennen, ob sie ein qualvolles Verhör hinter sich hatte; ob ihr womöglich Neuigkeiten zu Ohren gekommen waren, die doch so selten zu uns Politischen in Einzelhaft durchdrangen. Ich sah die Gesichter und die Haltung der Gefangenen und erfuhr noch mehr, wenn sie gerade redeten. Die Aufseherin brauchte mein Auge am Guckloch gar nicht zu sehen, um zu wissen, daß ich auf Zehenspitzen davor stand. Wenn mein Kopf den schmalen Lichtstrahl blockierte, der durch das Loch fiel, merkte sie es sofort. Ich fühlte mich jedesmal gedemütigt, wenn sie mich auf Zehenspitzen spähend erwischte. Es schien dann, als habe meine Neugierde über meine Standhaftigkeit in der Isolation gesiegt.

Isolation und Alleinsein. Keinesfalls dasselbe. Ich war isoliert, dennoch war ich völlig von der Außenwelt abhängig – von meinen Wärtern, meinen Feinden. Ich mußte rufen oder an die Tür schlagen, wenn ich zur Toilette wollte. Die Aufseherin stand neben mir, wenn ich mich wusch. Der Tagesablauf war, egal was ich mir einredete, eigentlich ihrer, nicht meiner.

Die Gefängnisroutine prägte jene ersten, wirren, finsteren Tage. Das elektrische Licht brannte endlos, doch es beleuchtete lediglich mein Bettgestell und dahinter, auf dem Wandregal thronend, meinen roten Koffer. Augen hätte ich nicht zu haben brauchen. Ohren waren in der Isolation nützlicher. Schlüsselrasseln und Türenschlagen verhießen Eindringlinge, eine neue Episode in der geregelten Monotonie meines Zellendaseins.

Ich identifizierte die Aufseherinnen, lange bevor ich sie sehen konnte. Weibliche Stimmen. Rauh. Schrill. Leidend. Tüchtig. (Ich weiß, was ich zu tun habe. Ich verliere nicht die Nerven, glauben Sie nicht, Sie können mich zum Narren halten.) Auf die Dauer waren die Aufseherinnen Rauh und Schrill zwei häßliche Schwestern. Rauh war dumm wie Bohnenstroh und stocktaub. Sie tat mechanisch ihre Pflicht, kannte ihren Dienst aus dem Effeff. Regelmäßige Kontrollen zu allen Tageszeiten. Essenaustragen. Geschirr einsammeln. Den Schlüsselmann holen, weil der Hauptmann die Zelle inspizieren will. Die Gefangenen beim Hofgang bewachen. Bei Neuaufnahmen: Leibesvisitationen. Kein Geld, keine Uhr, keine

Schlüssel, keine Tabletten. Keine scharfen Gegenstände. Glasflaschen konfiszieren. Decken austeilen und den Wäschevorrat kontrollieren. Benutzte Decken zum Desinfizieren geben. Immer hinter der Gefangenen gehen, sie könnte sonst hinterrücks angreifen. Nicht mit den Politischen in Einzelhaft reden. Doch Rauh war taub, sie las von den Lippen der Gefangenen, und auf dem Weg zum Waschraum konnte man deshalb vielleicht doch einen Satz mit den Prostituierten oder den Alkoholikerinnen in der Sammelzelle wechseln und behaupten, man habe gesungen.

Schrill hatte ein Gesicht wie ein in sich zusammengefallener Napfkuchen, ihre Augen waren so ausdruckslos wie Fliegenaugen, und ihre einzige Leidenschaft waren die auf Hochglanz polierten Fußböden ihres Eigenheims auf einem 600-Quadratmeter-Grundstück in Pankhurst.

Leidend war eine hübsche germanische Blondine mit langen, eleganten Händen und verkrüppelten Füßen, an denen die Ballen hervortraten. Vielleicht lag es an den Schmerzen, daß ihre Stimme und ihre Miene immer leidend waren. Sie behandelte alle Gefangenen wie eine unendliche Plage, und was ihr persönlich oder was auch sonst geschah, empfand sie als Zumutung, als zusätzliche Prüfung ihres schon so unerträglichen Daseins. Regnete es, dann nur, damit ihre Ballen schmerzten. Ausgerechnet während ihrer Schicht wurden neue Gefangene eingeliefert. Prostituierte waren in ihren Augen nicht nur Gesetzesbrecherinnen, sondern eine bewußte Beleidigung ihres Geschlechts. Zwei Ehemänner waren ihr genommen worden – beide nach weniger als zwei Jahren Ehe. Auch das empfand sie als persönliche Gemeinheit. Sämtliche noch lebenden Männer waren widerwärtige Verführer. Es war Leidend, die ihren Kolleginnen vorschlug, die Abendschicht früher zu beginnen, damit sie in der Dunkelheit auf dem Weg von der Bushaltestelle zur Polizeiwache weniger von Männern belästigt würde. Leidend vernachlässigte ihre Pflichten im Frauengefängnis, indem sie sich stundenlang im Polizeibüro aufhielt und den Männergesprächen zuhörte. Von jedem dieser Aufenthalte kam sie entsetzt und angetan zugleich zurück, überzeugt, sie hätte wieder einen neuen Verehrer, dem sie entschlossen einen Korb geben würde.

Rauh war dumm, die Gefangenen bedeuteten für sie Zahlen,

für deren Summe sie verantwortlich war. Schrill hatte keine Zeit, über Menschen nachzudenken: Sie wienerte statt dessen die Fußböden. Leidend war mit ihren Füßen beschäftigt, mit den angeblichen Handgreiflichkeiten der Männer und dem Neid der Frauen. Tüchtig interessierte sich für Menschen, war sogar freundlich zu ihnen. Sie konnte mit den Betrunkenen umgehen, ohne sie zu provozieren; Prostituierte und Ladendiebe waren in ihren Augen vom Wege abgekommene Geschöpfe, denen die Richter in ihrer Weisheit durch einen Aufenthalt hinter Gittern Besserung ermöglichten. Doch die »Politischen« gingen über ihren Verstand. Wir sahen wie ordentliche, bürgerliche Frauen aus, schienen gebildeter und redegewandter als andere. Wir schienen uns in die Gefängnisdisziplin zu fügen, und dennoch hatte uns der Sicherheitsdienst als höchst gefährliche Staatsfeinde eingesperrt. Die Aufseherinnen hatten strikte Anweisung, nicht mit uns zu sprechen, und nach der Flucht galt diese Anweisung in verstärktem Maße. Doch Tüchtig arbeitete schon zu lange am Marshall Square, neue Regeln und neue Vorgesetzte konnten sie nicht mehr aus der Fassung bringen. Sie redete mit uns, wann sie es für richtig hielt, und die Themen bestimmte sie ebenfalls: Sie unterhielt sich über den neuesten Film im Colosseum, einen Artikel im *Reader's Digest*, über die Hochzeiten und den Nachwuchs der Königshäuser. Sie war afrikaans, doch vor mehr als vierzig Jahren hatte sie einen englischen Polizisten geheiratet. Alle Aufseherinnen waren ›Polizistenwitwen‹. Ihre Ehemänner waren gestorben oder im Dienst ums Leben gekommen. Als Entschädigung hatten die Frauen einen Posten auf dem Revier erhalten und mit dem Posten einen Hauch von Märtyrertum (Unsere Männer gaben ihr Leben für unser Land) und obendrein blinde Ergebenheit. Die Polizei hatte immer recht, jeder Polizist hatte recht. Recht ist Recht, daran ist nicht zu rütteln. Wer behauptet, unser Recht sei rassistisch oder würde von der Polizei mißbraucht, beleidigt jede Mutter eines Polizisten persönlich, vergeht sich an hehren Idealen. Jedes, auch das schäbigste Polizeirevier im Land hütet den Rassismus wie eine heilige Flamme.
Am Marshall Square befindet sich die wichtigste Polizeiwache in Südafrikas größter Stadt. Freitag- und Samstagnachts ist dort Hochbetrieb, die gemeinsten Seiten des Stadtlebens

treffen auf der Wache lauthals aufeinander. Die Neunzig-Tage-Häftlinge waren von dem geschäftigen Treiben ausgeschlossen, nur der Lärm und manchmal ein Blick erreichte uns. Wir begrüßten die Abwechslung in dieser Serie endloser Tage, in denen der Ablauf der Zeit nur an den Strichen, die wir in die Wand kratzten, und an den Verhören des Sicherheitsdienstes erkennbar war. Die Politischen lebten in Einzelzellen, abgesondert von den übrigen Gefangenen, dennoch drangen Geräusche durch die dicken Wände, besonders des Nachts, wenn der Verkehrslärm sich gelegt hatte.

Mehrmals täglich wurde ich zum Waschraum der großen Gemeinschaftszelle geführt, und obwohl ich dort andere Gefangene traf, wachte die Aufseherin darüber, daß ich keinen Kontakt zu ihnen aufnahm; dennoch sah ich die anderen und brachte sie in Zusammenhang mit den nächtlichen Geräuschen. Während der Monate, die ich eingesperrt war, bewegte sich eine lange Reihe von Frauen an mir vorüber, manche, die ich am Anfang sah, erkannte ich am Ende wieder, sie wurden wie alte Bekannte, wenn nicht wie Freunde von den Aufseherinnen begrüßt. Andere machten ängstlich erste Erfahrungen mit der Zelle, und ich beobachtete, daß ihre Reaktion auf den schlechten Geruch der Decken, die primitiven sanitären Anlagen, die Trostlosigkeit der Tage und Nächte hinter Gittern der meinen glich. Eine kleine Frau in einem braungrünen Voilekleid fiel beim Anblick ihres Gefängnisbettes in Ohnmacht; sie war wegen Ladendiebstahls eingesperrt, die Beweismittel gegen sie: eine Büchse Trockenmilch und eine Packung Kekse. Zwei Frauen kamen gemeinsam: eine junge Blondine mit hartem Gesichtsausdruck und ein hübsches dunkelhaariges Mädchen, das Tänzerin sein konnte. Ihnen wurde ein Raubüberfall zur Last gelegt. Die Blondine hatte mit einem Knüppel den älteren Juwelier in Schach gehalten, damit die übrigen Bandenmitglieder türmen konnten. Die Dunkelhaarige war die Freundin eines der Bandenmitglieder, eines Italieners namens Angelo, der in ihrer Wohnung verhaftet wurde. Angelo saß nun oben im Männergefängnis, und jeden Abend bei Schichtwechsel stellte das schöne dunkelhaarige Mädchen sich aufs Toilettenbecken, um sich durch zwei vergitterte Fenster mit ihm zu unterhalten. Es brach ihm das Herz, so rief er aus vollem Halse, daß sein Mädchen, schwanger wie es war, im Gefängnis sein mußte. Würde es ein Junge, so hieße er Marshall, das Mädchen würden sie Square nennen. Die Blonde und die Dunkelhaarige waren Busenfreundinnen. Sie drehten sich gegenseitig die Haare ein und liehen sich Romanhefte aus. Doch dann und wann wurde die Blonde zum diensthabenden Sicherheitsbeamten gerufen: Wegen weiterer Nachforschungen, hieß es. Die Dunkelhaarige ahnte nicht, daß die Blonde mit der Polizei kooperierte, um einer Verurteilung zu entgehen.

Die meisten weiblichen Gefangenen waren Prostituierte oder Alkoholikerinnen. Manchmal waren sie beides: Prostituierte, schwere Alkoholikerinnen, die bei der harten Aufgabe, ihre Zuhälter zu ernähren, ihr ehemals womöglich gutes Aussehen ganz und gar verloren hatten.

Die treuesten Zelleninsassinnen am Marshall Square waren jene, die so sehr heruntergekommen waren, daß sie keine regelmäßige Kundschaft mehr anlockten und Stadtstreicherinnen geworden waren. Schmutzig, krank und elend bevölkerten sie in Gruppen die Parks und öffentlichen Gärten.

Diese Schnapsdrosseln überwinterten in Johannesburg und Durban. Ihre Lockenwickler, Männerjacketts, Strandschuhe und umwickelten Beine waren wie eine Uniform, und die Frauen wurden regelmäßig aufgegriffen und in die Polizeiwagen verfrachtet. Verurteilt wurden sie wegen unbefugten Aufenthalts oder Trunkenheit an einem öffentlichen Ort; sie saßen einige Wochen oder Monate ab und kehrten zu ihren alten Schlupfwinkeln zurück und wurden bald, wenn die Polizei ihren Freitagabendstreifzug durch die Parks machte, wieder verhaftet.

Die Ankunft der Betrunkenen war grundsätzlich mit Lärm verbunden. Minuten später, nachdem sie eingesperrt wurden, verfielen sie in tiefe Besinnungslosigkeit, oder sie tobten die halbe Nacht. Viel hing davon ab, wie die Aufseherinnen sie behandelten. Ließ man sie in Frieden, wandelte sich ihr Geheul bald in Gewimmer, das manchmal allerdings stundenlang andauerte. Schrill konnte sie nicht in Frieden lassen, sie schien zu glauben, es sei eine Pflichtverletzung, Betrunkene nicht zu beschimpfen. Doch je lauter sie zeterte, desto heftiger fluchten und wüteten die Gefangenen. Eines Nachts brachten ihre gellenden Beschimpfungen eine schwer alkoholisierte Frau dermaßen in Rage, daß es, nachdem Schrill es »dieser Schlampe« mächtig gezeigt hatte, ein lautes Klirren gab und dann auf dem Betonboden zerschellendes Glas zu hören war. Ich konnte mir nicht vorstellen, was die Frau nebenan getan hatte. Ich konnte nichts tun, um Schrill herbeizuholen: Die schweren Türen zwischen den Zellen und dem Aufseherinnenbüro ließen keine Geräusche durch, und wenn eine Aufseherin einmal fort war, gab es keine Mittel, sie zurückzuholen. Man konnte nur abwarten, bis ihr Pflichtgefühl sie früher oder später zurückbrachte.

Diesmal kam sie früher. Schrill erschien, vermutlich um die Betrunkene erneut zu beschimpfen, doch als sie die Tür der großen Zelle öffnete und hineinschaute, schloß sie sie gleich wieder und rannte um Hilfe rufend ins Amtszimmer der Polizisten. Drei kamen schleunigst zu ihrer Unterstützung. Die Betrunkene hatte einen großen Emaillebecher gegen die nackte Glühbirne geschleudert, die hoch unter der Decke hing. Sie hatte ihr Ziel beim ersten Wurf getroffen und sich dann mit einer Glasscherbe an ihrem Arm zu schaffen gemacht. Halbherzig hatte sie versucht, eine Arterie zu durchtrennen, doch obwohl sie stark blutete, entnahm ich dem Gespräch der Polizisten, daß der Schnitt nur oberflächlich war und die Betrunkene sich von ihrem Rausch bereits erholte. Doch nicht, wenn es nach Schrills Wünschen ging. Sie bestand darauf, daß man der Frau die Zwangsjacke anlegte. Die Polizisten gehorchten, denn sie war schließlich für die weiblichen Gefangenen zuständig. Und weil sie bei dieser Aktion Hilfe brauchte, warteten sie, bis die Zwangsjacke geholt war, und machten sich dann an die Arbeit, der Frau die Jacke aufzuzwingen. Die drei hatten leichtes Spiel, sie lachten und scherzten. Die Frau war außer sich vor Wut, doch betrunken war sie nicht mehr. »Ich bin nicht verrückt, ich bin nicht verrückt. Steckt mich nicht in dieses Ding hier«, schluchzte sie. Dann: »Es ist zu eng, ihr zieht die Arme zu fest, ich kann nicht atmen«, doch nach minutenlangem Kampf rief sie nichts mehr, und sie ließen sie auf der Matratze liegen, die sie vom Bett auf den Boden gezogen hatten. Ich hatte inzwischen dagelegen und zugehört, ich zitterte am ganzen Körper, und mein Magen krampfte. Die Polizisten redeten und lachten im Fortgehen, und Schrill triumphierte. Dann war eine Weile

Ruhe, bis es an der Tür nebenan laut und andauernd zu hämmern begann. Ich brauchte eine Zeit, bis ich begriff, daß die Frau auf dem Rücken von der Matratze am Boden zur Tür gerobbt war und nun mit den Beinen gegen die Tür trommelte. Stunden später erschien schließlich Schrill, um die Zwangsjacke zu entfernen: »Vielleicht«, erklärte sie der Frau, »hast du nun deine Lektion gelernt.«

Freitagnacht war die Hölle los, besonders am Monatsende, wenn Sozialhilfe ausgezahlt worden war und Arbeitsunfähige und Trinker ihre Plätze im Park mit dem Sitz im Polizeiwagen vertauschten. Draußen vor der Marshall-Square-Wache schlugen die Wagentüren, dröhnte der Motor, wenn der Wagen wieder auf Streife fuhr. In Scharen wurden Afrikaner auf die Wache gebracht. »Kom aan, Kom aan« (Los, mach schon), riefen die Polizisten, und die Stadtstreicher heulten und verfluchten die Nacht, bis ihr Geschrei sich in scharrendes alkoholisiertes Schnarchen wandelte und es Zeit für das trockene Brot und das hartgekochte Ei wurde, für das Schlangestehen zur Gerichtsverhandlung.

Das Gericht tagte allmorgendlich um 9.30 Uhr, doch die Bestimmungen verlangten, daß die Frauen volle drei Stunden vor der Verhandlung fix und fertig waren. Manche brauchten Zeit, um auszunüchtern. Vielleicht geschah es schneller, wenn sie nicht in ihren Zellenbetten lagen, sondern aufrecht aufgereiht auf der harten Bank saßen. Hatten sie diese Erfahrung noch nie gemacht, glätteten sie angestrengt ihre Kleider, richteten ihr Haar und probten vor jedem, der es hören wollte, egal ob Gefangener oder Wärter, die Erklärung, die sie vor Gericht abgeben wollten, wieso ausgerechnet sie verhaftet worden waren. Die alten Bekannten dagegen sahen es als selbstverständlich an, daß sie periodisch im Gefängnis landeten. Sie spekulierten, welcher Richter der Verhandlung vorsaß, in welcher Stimmung er sich befand und wie das Urteil lauten würde, angesichts früherer Verwarnungen und Strafen. Selbst in Anbetracht des Bedürfnisses der Neulinge, ihren Auftritt zu proben, der alten Hasen, aus ihrem Erfahrungsschatz zu schöpfen, zog sich der Morgen träge dahin.

Zu dieser Zeit hatte die Wache das Tempo gedrosselt und arbeitete mit halber Geschwindigkeit. Kannten die Polizisten, die Streife fuhren, ihr Geschäft tatsächlich, lieferten sie jetzt keine Neuzugänge mehr, denn die Liste derer, die vor Gericht erscheinen sollten, war bereits abgeschlossen. Die Aufnahme eines Gefangenen, die Bescheinigung seiner Habe, weitere Bescheinigungen, die ihn ans Gericht weiterleiteten, dies alles dauerte seine Zeit; Zeit, um das Kopierpapier zwischen die Formulare zu legen, den Tintenstift anzulecken und die neugewonnenen Schützlinge sorgfältig zu zählen und noch einmal zu zählen. Jedenfalls war Schichtwechsel auf der Wache am Marshall Square; und dieser Wechsel, die Wachübergabe der alten an die neue Schicht, war eine hektische Phase im Tageslauf.

Wenn die Gefangenen zum Gericht geschafft waren und die neue Schicht die Zellen übernommen hatte, konnte der eigentliche Ernst des Tages beginnen: das Putzen. Die Aufseherinnen schienen von den Gefangenen in den Zellen keine Notiz zu nehmen. Vielleicht gab es uns gar nicht. Zu dieser Tageszeit jedenfalls wäre das besser gewesen. Wenn die Wärterinnen sich eine Meinung zur Neunzig-Tage-Haft erlaubten, dann, daß die ununterbrochene Belegung der Zellen ohne den sonst üblichen Marsch zur Gerichtsverhandlung die gründliche Reinigung der Fußböden behinderte. Denn Putzen war gleichbedeutend mit Fußböden-Wienern. Fenster wurden nicht geputzt, der klebrige Schmutz, der sich mit den Jahren an den Gittern abgesetzt hatte, blieb unberührt. Von seltenen Ausnahmen abgesehen, waren auch das Waschbecken und die Toilette nie richtig sauber: Der Etat der Wache sah keine ordentlichen Putzfrauen vor. Aber die Böden, ach, die Böden...

Die Aufseherinnen der Morgenschicht begannen ihren Dienst, lasen das Mitteilungsbuch, legten den Hut ab, und dann rannten sie zu den Zellen der Afrikaner. Dort wählten sie krakeelend, begleitet vom Geschrei der schwarzen und weißen Wärter, ihr Kontingent Arbeiter. Nicht zu viele Junge, die waren nicht kräftig genug. Den da auch nicht, er sieht ›frech‹ aus. Fünf oder sechs ihre Verurteilung erwartende Afrikaner im Schlepptau, holte die Aufseherin ein Sammelsurium bereits schmuddliger Bohnerlappen, Reste zerrissener Gefängnisdecken. Wenn Rauh oder Schrill Dienst hatten, hätte der Lärm, den die Ankunft der Arbeiter im Frauengefängnis machte, gut als Geräuschkulisse für die Ankunft der Verdammten in der Hölle der Apartheid dienen können. Beide Wärterinnen schrien endlose Anweisungen in Afrikaans. Schließlich ging man auf südafrikanischen Polizeiwachen davon aus, daß jeder afrikanische Gefangene, wenn ihm sein Leben lieb war, Afrikaans sprach und verstand. Ebenso, wie davon ausgegangen wurde, daß jedem Gefangenen die tägliche Routine der Wache und die besonderen Präferenzen der jeweiligen Aufseherin, was das Böden-Bohnern anging, geläufig waren. Der Boden war aus Beton und wurde mit billigem Wachs leuchtend rot poliert. Zuerst wurde gefegt, dann an strategischen Stellen Wachs verteilt, und das Bohnern konnte losgehen. Nun begann der eigentliche Spaß. Die Aufseherin schrie: »Cha-Cha« oder »Twist«, und der Gefangene hatte seine beiden Beine auf zwei Putzlumpen zu stellen und zu tanzen. Den Takt schlug die Aufseherin. (Was geschah, bevor es den Cha-Cha gab? Waren Walzertakt und Foxtrott für die Böden ebensogut?) Schrill drückte dem Boden-Bohnern ihre persönliche Note auf. Sie wies jedem Gefangenen ein großes Quadrat des Betonbodens zu, und der Cha-Cha durfte die Grenze des Nachbarfeldes nicht überschreiten. Rauhs besondere Hingabe galt den Wasserflecken, die auf dem Boden deutlich in Erscheinung traten; ein sorgsam erwählter Gefangener gab jedem Fleck eine spezielle Abreibung. Das lautstarke Tanztheater dauerte pro Zelle bis zu einer Viertelstunde.

Ich, die Gefangene, festgehalten unter strengsten Sicherheitsvorkehrungen, hatte weder Bücher noch Besuch, noch Kontakt zu meinen Mitgefangenen, doch wie jede Madam in Südafrika saß ich des Morgens im Bett, und Afrikaner erledigten für die »Missus« das Putzen. Tauchte tagsüber auf dem Boden ein Fleck auf, rief die Aufseherin zum nächsten afrikanischen Wärter: »*Gaan haal my 'n kaffer*« (Los, hol mir einen Kaffer), und wieder war in Südafrikas Zwangsarbeitsparadies alles in Ordnung. Alle Insassen des Marshall-Square-Gefängnisses warteten auf ihre Verurteilung, und das Gesetz sah vor, daß sie keine andere Arbeit als die Sauberhaltung ihrer Zellen zu leisten brauchten. Die meisten der Insassen wußten vermutlich nichts von diesem Recht. Die es wußten, hielten es für angebracht, Unwissen vorzutäuschen, von den wenigen Ausnahmen abgesehen, wenn Männer, zum Cha-Cha-Dienst aufgefordert, sich weigerten, der Aufforderung nachzukommen. Was während meines Aufenthalts nur zweimal geschah. Da hatten die Aufseherinnen etwas zu reden; als Leidend und Schrill bei Schichtwechsel die letzten Neuigkeiten austauschten, schlug die Entrüstung hohe Wellen.

Die afrikanischen Gefangenen konnten die Aufseherinnen bald einschätzen. Hatte Tüchtig Dienst, arbeiteten sie flink und redeten verhalten miteinander. An dem Schauspiel, das Rauh und Schrill vollführten, weideten sie sich, imitierten den gespreizten Gang der ersten und das gewaltige Palaver der zweiten, wenn sie versuchte, für Ruhe und Ordnung zu sorgen. Wenn der Streifzug der vergangenen Nacht nur junge *Tsotsis** eingebracht hatte, war die Putzaktion ein wildes Durcheinander. Waren ältere Männer verhaftet worden, erschienen sie in Jackett und Hosen mit Bügelfalten oder in der kurzen Hose, die zum lächerlichen Aufzug der einheimischen Arbeiter gehört. Gottergeben griffen sie die Putztücher, akzeptierten träge das Los all derer, deren Aufenthaltsgenehmigung nicht in Ordnung war oder die das Pech gehabt hatten, wegen irgendeines anderen Fehlverhaltens mit der Polizei in Berührung zu kommen. Die Putzaktion bot eine Möglichkeit, aus der überfüllten Gemeinschaftszelle der Afrikaner auf der anderen Seite des Gebäudes herauszukommen, und war obendrein eine Gelegenheit, sich davon zu überzeugen, daß, wie auf der Wache gemunkelt wurde, im Frauengefängnis gut angezogene Damen saßen, die Koffer, Kissen und Thermoskanne besaßen, als seien schlechte Tage über sie hereingebrochen und sie hätten die Unterbringung in der Zelle einer elenden und verrufenen Pension vorgezogen.

Ging das Putzen ordentlich vonstatten, hatten die Aufseherinnen für den Rest des Tages gute Laune. Gab es viele Afrikaner, die in der Zelle auf ihre Verhandlung warteten, blitzten die Böden, wenn der Kommandant seine morgendliche Runde machte, und die Aufseherinnen erfreuten sich ihres Erfolgs. Eines Morgens kam die Routine nur mühsam in Gang. Der Tumult am anderen Ende der Wache schien größer als sonst. Die Aufseherin kam mit finsterer Miene. »Uns fehlt

---

* Strenggenommen junge afrikanische Straffällige, von den Weißen aber für jeden jungen, auffällig gekleideten Afrikaner benutzt.

ein Gefangener«, schnauzte sie. Mein Herz hüpfte in spontaner Sympathie für den Gefangenen, der kühn und klug genug war zu entkommen, und das so bald nach der Goldreich-Wolpe-Moolla-Jassat-Flucht und trotz aller Sicherheitsvorkehrungen. Doch niemand war geflohen, in der vorherigen Nacht war lediglich ein Mann zu wenig eingelocht worden, wodurch das Putzgeschwader nicht vollzählig war.

Jeden Morgen, wenn die Cha-Cha-Putzer meine Zelle verließen, drückte die diensthabende Aufseherin dem letzten einen großen Blecheimer in die Hand und befahl ihm, heißes Wasser für die ›Missus‹ zu bringen. Die ›Missus‹ war ich. Sich mit dem Eimer voll Wasser zu waschen, war das erfreulichste Tagesereignis. Mit heißem Wasser verschwand der klamme Geruch der Decken, der in der Zelle hing, und wenn der Eimer gebracht wurde, folgte ich bereitwillig der Aufforderung, ließ mich in der großen Gemeinschaftszelle einschließen, die eine Waschnische hatte. Der Eimer heißes Wasser war eine Konzession an die Neunzig-Tage-Häftlinge, deren ständiger Wohnsitz die Zelle war; die anderen Insassen mußten sich mit dem Kaltwasserhahn begnügen. Während der ersten Tage ging ich mit dem Wasservorrat ungeschickt um. Es wäre eine wunderbare Verschwendung gewesen, das Wasser einfach über mich zu gießen, doch nach wenigen Sekunden wäre der Spaß vorbei gewesen. Stellte ich mich in den Eimer, stand ich ungemütlich wie ein Storch, war mehr im Trockenen als im Nassen. Mit der Zeit entwickelte ich eine akrobatische Bademethode. Ich schüttete das Wasser ins Becken und ließ mich unelegant hockend darauf nieder, Gesicht und Bauch zur Wand, mit baumelnden Beinen. Dann schöpfte ich mit den Händen das Wasser über mich. Es spritzte ordentlich, und für eventuelle Zuhörer klang es lustig, und wenn anschließend ein Gefangener die Zelle noch einmal wischen mußte, war ich mir sicher, er würde die Wasserpfützen am Boden nicht mir, sondern der Aufseherin anlasten.

Nach dem Bad begann ein neuer Tag, ein weiterer träger, tatenloser Tag. Daß ich des Nachts im Bett lag, konnte ich als Rückzug von der Inaktivität entschuldigen. Tags im Bett zu liegen mußte eine Aktivität an sich sein, und jede Stunde, die ich flach auf dem Rücken lag oder sitzend gegen das Kissen lehnte, bedeutete einen weiteren Versuch, mich aus verzagtem Halbbewußtsein zu befreien.

Die Zelle war zu klein, um sich darin zu bewegen; zu stehen war sinnlos, und ich fror; ich lebte auf dem Bett. Vom Bett aus kratzte ich mit einer Haarnadel Zeichen in die Wand am Kopfende. Jeder Kratzer dauerte höchstens 120 Sekunden, doch ich mußte 1440 Minuten verbringen oder 86 400 Sekunden, bevor ich den nächsten Kratzer machen konnte. Wie viele Zeichen würde ich machen, bevor ich aus der Zelle entlassen würde?

Das Leben draußen war so nah und doch unerreichbar. Auf meiner eisernen Bettstelle lag ich im Zentrum der geschäftigsten Stadt Afrikas. Mit ihrer Außenwand grenzte die Zelle an die Ecke Marshall und Sauer Street, und tagsüber hörte ich den Verkehr und das Hupen. Eine Menschenmenge umkreiste mich, doch wir waren füreinander unsichtbar. Mehrmals täglich umklammerte ich, in jeder Hand ein sauberes Papiertaschentuch, die Gitterstäbe, voller Ekel vor dem Schmutz, der sie bedeckte, und versuchte, auf Zehenspitzen auf dem Bett stehend, aus dem Fenster oben in der Wand zu schauen. Die Gestalten, die vorübergingen, hätten Figuren in einem Film sein können, der vor mir ablief. Sie waren kein Teil meiner Welt. Die Geschäftsleute, die auf der anderen Straßenseite ins Dänische Restaurant eilten (ich hatte dort früher auch manchmal gegessen), verbrachten eine Stunde über Hors d'œuvre und gedünsteter Forelle, dann zog es sie wieder an ihre Schreibtische, zu Telefon und Telex. Ich hatte keinen Hunger. Ich mißgönnte ihnen ihr Essen nicht, doch ich entwickelte eine Antipathie gegenüber jenen Männern in ihren Maßanzügen, die das Restaurant betraten, ohne die vergitterten Fenster des schmutzigen Gebäudes gegenüber wahrzunehmen, und deren Selbstgefälligkeit, so empfand ich, sie zu eindeutigen Regierungskomplizen machte.

Eines frühen Nachmittags, als alle wieder zurück in ihre Büros eilten, machte ich eine aufregende Entdeckung. Als sich schräg gegenüber die Menge auf dem Gehweg lichtete, erschien dort ein afrikanischer Zeitungsverkäufer, der seinen Stand aufbaute. Er stapelte mit Bedacht seine Zeitungen an der Wand hinter sich, entfernte Schnüre und Pappdeckel, stopfte sie in einen Papierkorb, und dann – Wunder aller Wunder – zog er aus dem obersten Zeitungsbündel ein großes, mehrfach gefaltetes Blatt, das Plakat mit der Schlagzeile der Nachmittagszeitung. Umständlich befestigte er es an einen Laternenpfahl. Es war Winter, und er hatte mit dem Wind zu kämpfen. Doch dann hing es, und er begann mit dem Verkauf der Zeitungen. Das Plakat sollte natürlich mögliche Käufer werben, er hatte es deshalb so um den Lichtmast gebunden, daß die Fußgänger auf dem Gehweg es lesen konnten. Hätte er gewußt, daß ich gegenüber an meinem Zellenfenster mir den Hals verrenkte, vielleicht hätte er es nicht so postiert, daß Zweidrittel der Schlagzeile für mich nicht sichtbar waren. Was ich sah, war dies:

ER

I

RHO

RHO mußte Rhodesien sein. Doch was war los in Rhodesien? *Er*schütterungen? Die Nachrichten wurden täglich vager. *Er*eignisse? Dito. *Er*gebnisse? (Daß es sich um ein Erdbeben in Rhodesien handelte, kam mir nicht in den Sinn. Ich hatte Rhodesien nie als erdbebengefährdet angesehen.)

Täglich reckte ich den Hals, um die Schlagzeilen auf dem Plakat zu entziffern. Manchmal hing es vollständig außerhalb meines Blickfeldes. Einmal glaubte ich, etwas wie SABO zu entdecken, was nur Sabotage heißen konnte. Doch ich wußte nicht, handelte es sich um einen erfolgreichen Versuch oder einen Aufdeckungserfolg der Sicherheitspolizei. Seit ich von den Plakaten gegenüber an der Laterne wußte, von den Zeitungsstapeln, die dort lagen, fühlte ich mich nicht mehr so von der Welt abgeschnitten, auch wenn ich nach wochenlangem Gitterklettern und Halsverrenken zugeben mußte, daß der Laternenpfahl enttäuschend wenig hergegeben hatte. Doch ich gab nicht auf. Ich nannte die Aktion ›meine Tageszeitung studieren‹.

Der Sicherheitsdienstbeamte damals hatte »Bye-bye, blauer Himmel« gesagt, als er mich ins Gefängnis einlieferte. Er hatte unrecht. Ich sah den Himmel, wenn auch durch Stacheldrahtgeflecht. Es war eine Woche nach meiner Verhaftung. Der Ausbruch erregte immer noch die Gemüter, doch die Routine behauptete sich, und eines Tages öffnete sich die

Zellentür, nicht um einen weiteren Hüter des Gesetzes einzulassen, sondern mich hinaus. Täglich eine Stunde Hofgang. Allein. Der Hof, in dem ich diese Stunde verbringen sollte, war ein von Backsteinmauern umgebener quadratischer Schacht mitten im Frauengefängnis innerhalb des monströsen Backstein- und Gittergebäudes am Marshall Square. Ein Teil des Gebäudes stammt aus der Zeit vor dem Burenkrieg. Die Installationsrohre laufen sämtlich außen am Gebäude entlang, und die Wände, die den Hof umgrenzen, werden von den Rohren wie von einem eisernen Korsett umspannt. Wasserleitungen und Abwasserrohre gurgeln und plätschern und rauschen die beiden Stockwerke hinauf und hinunter. Und der kleine Hof erweist sich als ein ausgezeichneter Ort, um die Häufigkeit der Waschvorgänge in den Zellen der weißen Gefangenen statistisch festzuhalten. Die wenigen Schritte aus meiner Zelle glichen einer Achterbahnfahrt (schwerelos und schnell), und mein Magen hüpfte, als meine Füße über die Schwelle traten und sich nach draußen bewegten. Doch auch der Hof war eine Zelle. Der Himmel war von Mauern umschlossen, und wie die Wärter meinen Hofaufenthalt begrenzten, beschränkten die Mauern von Amts wegen den Sonnenschein. Ich konnte im Hof immer nur im Kreis herumgehen.

An kühlen Tagen lief ich und versuchte, nicht daran zu denken, daß Generationen von Gefangenen vor mir das gleiche getan hatten. An Sonnentagen bewegte ich mich, wenn die Zeit dazu reichte, mit dem Sonnenstreifen, der westwärts über den Hof wanderte, bis er verschwand.

Es gab für die Frauen noch einen anderen Hof, er wurde von den männlichen Häftlingen benutzt, bis die Aufseherinnen unseren Anspruch wieder geltend machten. Dieser Hof war sandig, viermal so groß wie der andere und lag tief im Innern der Wache, umschlossen von einer fünf Meter hohen Backsteinmauer und oben mit Maschendraht verschlossen. Um über die Mauern hinauszusehen, stellte ich mich auf die Hofmitte und legte den Kopf in den Nacken. Wie ein Opfer in der Höhle der Gladiatoren erblickte ich dann die Zuschauer auf den Rängen, und die Zuschauer, in diesem Fall die Wolkenkratzer der Bergbaukonzerne und Banken Johannesburgs, sahen mich. Am Marshall Square residieren die Multimillionäre, die Südafrikas Gold- und Diamantenbergbau beherrschen. Das neue Gebäude, *The Chamber of Mines*, ist einen Steinwurf entfernt. Die Riesenzwillingstürme von *Anglo-American*, an der Main Street 44 und 45, liegen wenige Schritte davon. Die Börse ist im angrenzenden Block. Die Fenster, durch die man mir von oben zuschauen konnte, gehörten zu getäfelten Sitzungssälen und Chefetagen. Wie das Volk über die Neunzig-Tage-Haft dachte, entnahm ich dem Verhalten des Büroangestellten, der an seinem Arbeitsplatz – einem Logenplatz in meiner Arena – Akten sortierte. Hob er den Kopf, oder hob er die Hand als Antwort auf mein überschwengliches, scheinbar unbekümmertes Winken, oder starrte er verachtungsvoll auf mich herab? Zur Mittagszeit liefen Mädchen in Gruppen an den Korridorfenstern entlang, und manchmal sah eine mich, rief die anderen, und gemeinsam starrten sie und starrten. Wußten sie, was sie sahen? Kümmerte es sie?

Im großen Hof gab es noch anderen Zeitvertreib. Das grüngestrichene Hoftor, von dem die Farbe abblätterte, diente als Häftlingsregister. Die ersten Neunzig-Tage-Leute hatten dort die eingeritzten Initialen und pfeildurchbohrten Herzen vorgefunden, die in allen Gefängnissen jeden freien Fleck bedecken. Neben ›*Edith liebt Vic*‹ hatte Wolfie Kodesh ›*W. K. liebt die Freiheit*‹ geritzt. Leon Levy zitierte Vorsters Parlamentsrede: ›*Neunzig Tage... oder die Ewigkeit...*‹ Er hatte vier Fragezeichen hinzugefügt. Mosie Moolla und Jassat hatten ihre Namen eingekratzt. Lilian Ngoyi, Kumalo, Molefe, Tsele, Kunene und Dhlamini standen dort. Arthur Goldreich hatte als Architekt gut lesbar in Druckschrift seinen und Hazels Namen geschrieben, auch Harold hatte sich verewigt. Der große Hof war der Ort, an dem wir uns wieder begegneten, war unser Archiv. Neben den Namen standen die Haftdaten, aus denen zu ersehen war, daß diejenigen, die nicht geflohen waren oder das Land verlassen hatten, noch gefangen saßen.

Eines Morgens waren auf dem Tor frisch eingeritzte Buchstaben. Als ich den Namen las, lief es mir kalt den Rücken herunter. James Kantor saß im Marshall-Square-Gefängnis. James Kantor, der montags bis freitags als Anwalt im Gerichtssaal zu Hause war, der am Wochenende mit der High-

Society auf Hartebeespoort Dam segelte, saß in einer der Zellen, in denen wegen Diebstahl, Raubüberfällen, Betrug und Belästigung und Beleidigung zahllose Klienten gesessen hatten, die er verteidigt hatte. James Kantor war Harold Wolpes Schwager. Seine Verhaftung war mehr als eine Reaktion auf Harolds Flucht, sie war ein gemeiner Vergeltungsakt gegenüber einem politisch Unschuldigen, war eine Geiselnahme: Kantor für Wolpe.

Wir, die wir uns politisch engagierten, beeinflußten das Ausmaß der Regierungsreaktion nicht, konnten es nicht beeinflussen. Das Neunzig-Tage-Gesetz machte nirgends halt, seine Macht kannte keine Grenzen. Dieses Gesetz erreichte jeden und konnte sowohl die politisch Aktiven als auch die unschuldig Außenstehenden einschüchtern und zerstören. Die Möglichkeiten seiner Anwendung waren beängstigender, als ich mir vorgestellt hatte.

Andere neue Namen erschienen auf der Gefangenenliste, Namen, von denen ich noch nie gehört hatte. Ein Beweis, daß die Kräfte, die sich der Regierung widersetzten, stärker waren, als ich vermutet hatte; es zeigte auch, daß die Regierung ihren Angriff immer noch steigerte. Würden wir durchhalten? Was geschah außerhalb der Gefängnisse, auf den Straßen, in den Townships, an geheimen Orten? Im Gefängnis sieht man nur die Schachzüge des Feindes. Das Gefängnis ist der Ort, von dem aus der Kampf am schwersten ist.

Eines Morgens in der zweiten Woche hatte ich kaum Zeit, mich ans Draußensein zu gewöhnen, denn die Aufseherin kam und brachte einen kleinen, ordentlichen weißhaarigen Mann zu mir: Er trug ein gestärktes weißes Hemd, und in seinen weißen Händen hielt er ein Blatt weißes Papier. Der Richter machte seine wöchentliche Besuchsrunde. Irgendwelche Klagen? fragte er. Ich klagte endlos. Ich gönnte niemandem die Illusion, daß ich meine Gefangenschaft klaglos ertrug. Ich war ausgesprochen angriffslustig, so entwaffnet, wie ich war, blieb mir immer noch mein Mundwerk. Ich beschwerte mich bei den hohen Tieren, die abendlich die Zellen inspizierten. Sie reagierten nicht oder räusperten sich und wischten meinen Wortschwall mit einer Handbewegung beiseite, als sei ich eine lästige Unruhestifterin, kein Wunder, daß der Sicherheitsdienst ausgerechnet sie eingesperrt hatte, hören Sie doch, wie sie sich unablässig beschwert. Ich beschwerte mich bei der Aufseherin, die sagte: »Sie erreichen mehr, wenn Sie sich nicht soviel beschweren.« Ich beklagte mich bei den freundlicheren Polizisten, die erklärten, daß sie nur ihre Pflicht täten, und schließlich hätten *sie* mich nicht hinter Gitter gebracht. Einige sagten: »Wir machen die Gesetze nicht, wissen Sie.« Einer sagte bewundernd: »Sie ist eine Kämpferin.« Das war an jenem Morgen, als ich mich mit der Aufseherin stritt, weil sie mir erst um halb elf meinen Eimer heißes Wasser brachte. Ich beschwerte mich beim Kommandanten, der erklärte, es sei nicht seine Angelegenheit, ich solle das dem Sicherheitsdienst oder dem Richter erzählen. Nun stand der Richter mit gezücktem Stift vor mir. Ob er wisse, was es bedeute, eingesperrt zu sein, fragte ich ihn, nichts zu tun, nichts zu lesen zu haben, niemanden sehen zu dürfen? Wisse er, was es bedeute, auf unbestimmte Zeit ohne Angaben von Gründen eingesperrt zu sein? Müsse er nicht zugeben, daß die Neunzig-Tage-Haft unbarmherzig, grausam und unmenschlich sei? Ich weiß nicht, welche meiner penetranten Fragen er notierte, doch sein Stift fuhr pflichtergeben übers Papier. Der Richter sprach kaum. Was ich sagte, würde er dem Minister überbringen. Das sagte er bei jedem Besuch, doch eine Antwort auf meine Fragen brachte er, wenn er wiederkam, nicht mit. Ich redete voller Zorn auf den kleinen Mann ein. Er unterbrach mich nicht und überbrachte meine Beschwerden niemandem. Wie konnte er auch? Sein Kommen war die einzige Konzession – eine sinnlose –, die der Minister an seine Kritiker im Parlament gemacht hatte, als er sein Haftgesetz durchbrachte. Also kam der Richter zu mir und schrieb, später landete die Reinschrift auf dem Tisch des gleichen Sicherheitsdienstbeamten, der mich verhörte und über dessen Willkür ich mich beklagte, denn Richter und Sicherheitsdienst waren gleichermaßen dem Justizministerium unterstellt. Der Minister erläßt das Gesetz, befiehlt seinen Untergebenen, es auszuführen, und gibt vor, seine Richter überwachten möglichen Mißbrauch.

Der kleine Richter tat sein Bestes, was in diesem Falle hieß, er hörte aufmerksam zu. Versiegte der Beschwerdefluß – dessen Inhalt stets mehr oder minder der gleiche war und mit dem

Satz endete: »Ich verlange meine Freilassung!« –, sagte er ruhig: »Ich danke Ihnen. Ist das alles?« und huschte wie das ewig verspätete weiße Kaninchen in *Alice im Wunderland* zum nächsten Gefangenen. Er war sowohl für die Häftlinge in den Zellen am Marshall Square – außer mir sechzehn – zuständig, als auch für die Gefängnisse in Kliptown, Fordsburg, Jeppe, Rosebank, Brixton und Rosettenville, wo die Häftlinge in den Abendstunden auf ihn warteten.

Bei einem Interview protestierte ich wie üblich gegen die Neunzig-Tage-Haft und erklärte dem Richter, er solle dem Minister ausrichten, das Gesetz sei sadistisch. Er schrieb mit der gewohnheitsmäßigen Höflichkeit des Staatsdieners. Als er davonging, rief ich ihm nach: »Und sagen Sie ihm, ich will ein Badezimmer haben!« Da kam er zurück. Gab es wirklich kein Bad, fragte er. Nur ein Waschbecken mit einem Kaltwasserhahn, sagte ich, und täglich einen Eimer heißes Wasser.

Einige Tage später erschien eine Abordnung vom Hochbauamt. Sie hatte Anweisung, im Frauengefängnis eine Dusche einzubauen. Bauunternehmer und Architekten, berufsmäßige und Amateure, versammelten sich, untersuchten das Gefälle des Waschraumbodens in der großen Zelle, den Abfluß. Sie berieten über den bestmöglichen Platz und wohin das Wasser abfließen solle, damit die große Zelle nicht überschwemmt würde. Diensthabende Aufseherinnen konnten nach Schichtende über den Stand der Dinge in Hinsicht Dusche berichten. Inzwischen einigten sich die Inspektoren vom Hochbauamt auf die billigste Lösung. Maurer und Fliesenleger erschienen mit zwei afrikanischen Arbeitern, und am Ende des Tages war die Dusche eingebaut und eine kleine fünfzehn Zentimeter hohe Mauer gezogen worden, die den Waschraum von der Zelle trennen sollte. Leidend hatte Dienst und prophezeite unverzüglich eine Katastrophe.

Sie hatte recht. Am gleichen Abend wurde eine lärmende, resolute Betrunkene eingewiesen. Sie wütete stundenlang blindlings in der Zelle, dann war kurze Zeit Ruhe, vielleicht nahm sie ihr Bett in Augenschein. Ich lag in meinem und wartete, daß sie sich beruhigte. Dann waren schlurfende Schritte zu hören, anschließend ein dumpfer Schlag auf den Betonboden, dann schwere Stille. Bis zum Schichtwechsel am nächsten Morgen kam keine Aufseherin. Da fand man die Betrun-

kene in der Dusche liegend. Sie war über die niedrige Trenn-
wand gestolpert und der Länge nach ins Duschbecken gefallen. Der Arzt wurde geholt, doch er stellte nichts Ernstes fest,
nur eine große Beule am Kopf. Trotzdem mußte die Mauer
verschwinden; sie würde wahrscheinlich jede Betrunkene auf
dem Weg zur Toilette zu Fall bringen. Die Fertigstellung der
Dusche verzögerte sich, die Herren vom Hochbauamt erschienen wieder, das Bodengefälle wurde zum Abfluß hin
verbessert, zusammen mit den Aufseherinnen wurde das
Werk begutachtet. Als die Dusche endlich funktionierte, kam
nur kaltes Wasser, doch ich benutzte sie mit Andacht aus
Achtung vor dem Erfolg des Richters, der sich das Gehör des
Ministers verschafft hatte.

Die Aufseherin der Frühschicht brach ihr Schweigen:
»Haben Sie gestern abend einen Schuß gehört?«
Ich hatte nichts gehört.

✳

*Dennis Brutus, energiegeladener Initiator der Kampagne ge-
gen Apartheid im Sport, selbst Sportler, Lehrer, leidenschaft-
licher Dichter, war nur zwei Straßen vom Marshall Square
entfernt angeschossen worden. Man hatte ihn im Coronation
Hospital notoperiert. Zwei Polizisten mit Atemschutzmasken
hatten im Operationssaal Wache gestanden, Polizei patroul-
lierte auf dem Krankenhausgelände und bewachte die Sta-
tion. Seine Hausärztin versuchte ihn nach der Operation zu
sehen. Sie wurde vor der Tür von der Polizei festgehalten. Ein
Polizist sagte zum anderen: »Sollen wir sie verhaften, oder soll
ich schießen?«*
*Brutus bekam eine Lungenentzündung, doch trotz dieser
Komplikation wurde er wieder gesund; er verbot den Ärzten,
ihn weiter zu behandeln; statt dessen forderte er, einen Reprä-
sentanten der damaligen Konföderation von Rhodesien und
Nyasaland zu sprechen.*
*Nach und nach kam die Geschichte an die Öffentlichkeit.
Brutus war in Swaziland, als Harold und Arthur dort zeitwei-
lig untergetaucht waren. Auf dem Luftweg waren sie gen Westen nach Bechuanaland gereist; Brutus hatte sich nach Osten
begeben, hatte an der Grenze von Swaziland seinen südrho-*

desischen Paß vorgelegt und sich in Mozambique, in Mhlumeni nahe Goba, den portugiesischen Einreisebehörden präsentiert. Die Beamten wollten ihm gerade eine Einreisegenehmigung für zwanzig Tage erteilen, als das Telefon in der Grenzstation läutete. Aus Lourenço Marques, der Hauptstadt, käme ein Inspektor, um Brutus' Papiere zu kontrollieren, hieß es. Vier Inspektoren kamen. Brutus protestierte, er wolle nach Swaziland zurückkehren, doch man erklärte ihm, er sei verhaftet. Er wurde in Gewahrsam genommen und nach Lourenço Marques gebracht. Ein Sprecher der Mozambique Policia Internacional e Defesa Estado (P.I.D.E.) gab bekannt, daß der Südafrikanische Sicherheitsdienst von dieser Verhaftung benachrichtigt sei.

Die Zentrale des Sicherheitsdienstes entsandte Sergeant Kleingeld und Leutnant Halberg, um Brutus abzuholen; in Komatipoort wurde er ihnen ausgeliefert. Am Dienstag, dem 17. September, trafen die drei gegen Abend am Marshall Square ein. Als Kleingeld sich bückte, um einen Koffer hinten aus dem Wagen zu holen, rannte Brutus los. Er sprintete in westliche Richtung durch den Feierabendverkehr und Halberg hinter ihm her. Kleingeld war gestürzt, hatte sich das Knie verletzt und war so aus dem Rennen. Dann schoß Halberg, und Brutus fiel vor dem Anglo-American-Gebäude.

Ein Justizbeamter bezeichnete Halberg als einen ›todsicheren Schützen‹.

VIER NATIONEN IM STREIT UM BRUTUS lautete eine Schlagzeile in der Zeitung. Die Umstände seiner Verhaftung und Auslieferung aus Mozambique hatten zu diplomatischen Komplikationen zwischen Südafrika, der Föderation, Portugal und Großbritannien geführt, hieß es in dem Bericht. Brutus besaß einen gültigen südrhodesischen Paß, warum hatte man ihn nach seiner Einreise von Swaziland nach Mozambique der südafrikanischen Polizei übergeben?

Der Außenminister Südafrikas, Eric Louw, wurde um eine Stellungnahme gebeten. Hatte Südafrika Brutus' Auslieferung beantragt? Seine Antwort lautete: »Kein Kommentar.«
Die Polizeiführung in Lourenço Marques wurde um eine Erklärung gebeten. Hatte Südafrika die Auslieferung von Brutus verlangt? »Wir wissen von nichts«, lautete ihre Antwort.

Seine politischen Freunde argumentierten, daß Brutus norma-
lerweise, betrachtete man ihn als unerwünschte Person, in das
Land zurückgeschickt werden mußte, das ihm den Paß ausge-
stellt hatte (die Föderation) oder aus dem er eingereist war
(Swaziland).

Ein Diplomat der Föderation, der Brutus im Krankenhaus auf-
suchte, erklärte, er könne weder Schutz noch Intervention
Rhodesiens in Anspruch nehmen, obwohl er gebürtig aus Salis-
bury war und einen Paß der Föderation besaß, der erst kürzlich
in der Vertretung der Föderation in Pretoria verlängert worden
war. Er habe die südafrikanische Nationalität in Anspruch ge-
nommen, hieß es. Brutus' Bruder, Wilfred J. Brutus, ein ehe-
maliger Seemann der Handelsmarine, bezeugte, daß sein Bru-
der niemals im Besitz eines südafrikanischen Ausweises war.

Die Auseinandersetzung dauerte kurze Zeit, dann verlief sie
im Sande angesichts der Tatsache, daß Brutus im Gewahrsam
des Sicherheitsdienstes war. (Er war aus dem Krankenhaus
zum ›Fort‹ überführt worden.) Die Regierung Südrhodesiens
war nur zu gern gewillt, Südafrika den Fall Brutus zu überlas-
sen, und Portugal hatte eine Auslieferungsübereinkunft mit
Südafrika. Die Beamten des Sicherheitsdienstes klopften sich
anerkennend auf die Schulter. Wieder war ihnen ein Coup
gelungen, bei dem mit Duldung der angrenzenden Staaten ein
politischer Flüchtling gefaßt worden war und eine von der Re-
gierung befürwortete, weiße rassistische Bewegung aktiven
Beistand auf dem Gebiet der Information, Spionage und Erfas-
sung erhalten hatte.

Brutus wurde vor Gericht gestellt und der Zuwiderhandlung
gegen seine Verbannung in vier Fällen angeklagt. Unter ande-
rem wurde ihm vorgeworfen, sich an einem Treffen beteiligt,
Johannesburg und das Land verlassen zu haben. Frank
Braun, der Präsident des Südafrikanischen Olympischen und
Nationalen Sportkomitees, der vergeblich um den Verbleib
des rassistischen Südafrika im Olympischen Verband kämpfte,
bezeugte, wie durch einen unerklärlichen Zufall die Sicher-
heitspolizei in seinem Büro auftauchte, als Brutus und andere
Komiteemitglieder dort einen Sportjournalisten treffen woll-
ten. Brutus' Verteidiger nahm den Sicherheitsbeamten, der
Brutus verhaftet hatte, ins Kreuzverhör:

Wußten Sie, daß an jenem Tag dort ein Treffen stattfinden würde?
Ja.
Wer hat Ihnen das erzählt?
Die Anklage legte Widerspruch ein.
Der Richter: Dem Widerspruch wird stattgegeben. Die Frage nach dem Informanten ist unzulässig.

Brutus wurde zu zwei Jahren Gefängnis mit Zwangsarbeit auf Robben Island verurteilt.

*

Ich wurde eines Morgens aus meiner Zelle geholt, und ich nahm an, daß der Sicherheitsdienst nun mit den Verhören begänne. Doch meine Kinder waren zu Besuch gekommen, meine Mutter hatte sie gebracht, und eine eigentlich unpolitische, doch mitfühlende Nachbarin hatte das Treffen in die Wege geleitet, indem sie telefonisch an die Großherzigkeit von Oberst Klindt appelliert hatte. Es tat den Kindern gut, sich davon zu überzeugen, daß ich nicht anders aussah als sonst und nicht übers Eingesperrtsein redete, sondern über die Schule, die Katze, über Bücher, die sie gerade lasen, und die Ferien. Shawn, eine verletzliche Dreizehnjährige, schien den Tränen am nahesten; die ernsthafte, bedächtige Gillian schaute mit großen Augen, hatte sich wie immer im Griff, und die lustige Robyn schien die ganze Zeit in Gedanken. Gleich zu Anfang überreichte sie mir eine pralle Handvoll Kaugummis, und als der Abschied nahte, flüsterte sie mir, als sie mich umarmte, zu: »Das ist Ch-pp-s Kaugummi. Auf den Papieren steht innen etwas, damit du was zu lesen hast.«
Ich kaute die Kaugummis und las die Verpackung:
»Wußtest du, daß eine Elefantenhaut 3 cm dick ist?« »Wußtest du, daß die Giraffe sieben Halswirbel hat?« »Wußtest du, daß die Sterne Hunderte von Meilen voneinander entfernt sind?« »Wußtest du, daß es im neunzehnten Jahrhundert schon Reißverschlüsse gab?«

»Sie lassen Sie eine Weile schmoren«, erklärte ein Polizist, der sich auskannte. Sie taten es. Neun Tage lang. Eines Morgens hörte ich dann, wie jemand sich schlüsselrasselnd meiner

Zelle näherte. Die Aufseherin erschien. »Sie wollen Sie sprechen«, sagte sie.

Zwei Männer warteten im kleinen Sprechzimmer auf mich. Der größere war Leutnant Nel. Schmächtig, in düster grauem Anzug, mit sandfarbenem, strähnigem Haar und blauen Augen, die kalt wie Fischaugen in Eiswasser waren. Seine Stimme klang tonlos, unfähig zu jeglicher Gefühlsäußerung. Sergeant Smith war rothaarig, ein reizbarer, aufbrausender Mann, leberleidend, wie sich herausstellte. Es gab einen Verhandlungstisch und zwei Stühle. Bei einem quoll die Polsterung aus dem Sitz, deshalb bot man mir den zweiten an. Nel klemmte sich auf den Rand des schadhaften Sitzes, und Smith lehnte gegen die Wand. Dieses erste Treffen zeichnete sich durch geradezu formelle Höflichkeit aus.

Ob ich wisse, warum man mich festhielte, fragte Nel.

Nein, sagte ich.

Geduldig las er mir meine Lektion vor. Paragraph 17 der Erweiterung des Strafgesetzes von 1963:

Jeder Polizeibeamte kann ohne Haftbefehl jede Person festhalten, die er aus hinreichenden Gründen verdächtigt, einen Verstoß gegen das Gesetz zur Unterdrückung des Kommunismus von 1950 (Artikel 44, 1950) oder gegen das vorgenannte Gesetz, wie es beim Verbot einer kriminellen Vereinigung zur Anwendung kommt (Artikel 34, 1960), oder Sabotage geplant oder begangen zu haben; oder die im Verdacht steht, im Besitz von Informationen im Zusammenhang mit diesen geplanten Verstößen zu sein; und er kann diese Person an jedem ihm angemessen erscheinenden Ort in Haft nehmen oder in Haft nehmen lassen, um sie im Zusammenhang mit der Ausführung und Planung solcher Verstöße zu vernehmen, bis diese Person nach Meinung des Bevollmächtigten der südafrikanischen Polizei bei besagter Vernehmung alle Fragen zufriedenstellend beantwortet hat; doch keine dieser Personen soll jeweils länger als neunzig Tage festgehalten werden.

War ich bereit, Fragen zu beantworten?

Das könne ich kaum wissen, sagte ich, bevor ich die Fragen nicht kannte. Schließlich würde ich festgehalten, um Fragen zu beantworten, insistierte Nel mehrfach. Waren sie Vorbe-

reitungen zur Anklage? Bereiteten sie eine Anklage vor? Wie
konnte ich Fragen beantworten, wenn gegen mich Beweismaterial gesammelt wurde. Ich müßte die Fragen wissen, bevor
ich sagen konnte, ob ich sie beantwortete.
Wie eine zahme Maus im Laufrad drehte ich mich im Kreis.
Es langweilte mich, stellte ich überrascht fest. Ich hatte mir
dieses Treffen so oft ausgemalt, während ich in meiner Zelle
gelegen hatte, ich war überrascht, daß niemand sagte: »Aber
das haben Sie nun schon zu oft mit uns versucht!«
Unerwartet entschloß sich Nel: »Sie waren Mitglied des Zentralkongresses der Black Hand Secret Society«, warf er mir
vor.
Diese Frage beantwortete ich – mit einem ungläubigen Kichern. Ich war aus über dreißig verbotenen Organisationen
gebannt worden, in vierundzwanzig von ihnen war ich niemals Mitglied gewesen. Ich kannte einige Dutzend Organisationen außer jenen allgemein bekannten, die von der Zensur
betroffen waren. Doch jeder im Land wußte, daß die Black
Hand Secret Society eine Erfindung des Geheimdienstes war.
Ein Reaktionstest sicherlich. Ich hatte kaum Zeit, die Technik
zu registrieren, als sie zum Frontalangriff übergingen.
»Was haben Sie in Rivonia gemacht?« Ich füllte die Pause, die
ich vor Verblüffung machte, mit nervösem Gerede, wiederholte, daß ich keine Fragen beantworten könne, solange ich
nicht über das volle Ausmaß der Untersuchung informiert
sei.
»Warum hat Joe das Land verlassen?«
»Warum haben Sie gemischte Parties gegeben?« – »Damit wir
uns mischen«, sagte ich.
»Was haben Sie in Südwest-Afrika gemacht?« Die Fragen und
die wenigen unverbindlichen, abwehrenden Antworten waren peinlich geworden. Ich spürte, daß meine Regisseure
merkten, wie ich mein Stichwort verpaßte und den Souffleur
überging.
Der Sergeant hatte die ganze Zeit an der Wand gelehnt. Ungeduldig richtete er sich auf und sagte ungehalten zu Nel: »Sie
hält sich für schlau. Sie versucht uns auszuhorchen.«
Er hatte natürlich recht. Fürs erste wußte ich genug. Dem
Sicherheitsdienst war bekannt, daß ich in Rivonia gewesen
war.

Fünf Tage später kamen die beiden wieder. Und sechs Tage danach. Sie fragten nichts Neues. War ich bereit, auf Fragen zu antworten? War ich bereit, eine Aussage zu machen? Eine Aussage worüber? Antworten auf ihre Fragen, sagten sie. Welche Fragen? fragte ich. Alles, sagten sie. Sie wollten alles wissen. Geheimes. Nel wußte es besser: »Streng Geheimes«, sagte er.

Wir spielten Katz und Maus und zeigten einander die Zähne.

Ja, sagte ich heftig, ich mache eine Aussage.

Nel zog einen Briefbogen aus seiner Aktentasche und zückte seinen Stift.

Ich sagte, ich könne selbst schreiben.

Ich entnehme der Mitteilung Leutnants Nels, schrieb ich, daß ich nach Absatz 17 des Gesetzes Nr. 32 von 1963 festgehalten werde. (Ich lieh mir sein Exemplar der Regierungsveröffentlichung und schrieb den wesentlichen Inhalt der Klausel aufs Papier.) Ich könne nicht sagen, ob ich auf Fragen antworten würde, solange ich nicht wisse, ob ich irgendeines Vergehens angeklagt sei, und solange ich die Art der Fragen nicht kenne. Meine Ausflüchte füllten beinahe den ganzen Bogen. Die beiden Detektive trugen den Bogen fort. Sie wirkten erleichtert, daß sie diesmal ein beschriebenes Blatt ins Präsidium bringen konnten.

Gewöhnlich wurde ich einmal pro Woche vernommen. Nie zweimal hintereinander am gleichen Wochentag, selten zur gleichen Tageszeit. Die Versuche, mich zu vernehmen, schienen planlos. Manche Sitzungen bestanden lediglich aus monotonen Wiederholungen. »Sind Sie bereit, auszusagen?« – »Wie kann ich bereit sein?«, und schon war ich wieder in meiner Zelle. Mehrmals war der Auftritt der beiden, oder Nels allein, so kurz, daß ich vermutete, er finde nur statt, um in den Akten vermerken zu können: »Mrs. Slovo gesehen«, zum Beweis, daß sie pflichtgemäß hereingeschaut hatten.

Eines Tages kamen zwei andere Befrager.

Swanepoel war gedrungen wie ein Ochsenfrosch. Sein Gesicht leuchtete feuerrot, er schien der Flasche zuzusprechen, doch er schwor, niemals einen Tropfen angerührt zu haben; also war es sein hitziges Gemüt, das hier zum Vorschein kam.

Er war der geborene Schikanierer. Van Zyl stand zwar im Rang höher, doch er unterwarf sich Swanepoels Angriffstaktik. Van Zyl war ein großer, schwerfälliger Mann, der mit schmalziger Stimme seine Überredungskunst anzuwenden versuchte. In der Westentasche trug er »Granpa«-Kopfschmerzpulver mit sich, manchmal bot er sie seinen Opfern an. Sonntags betätigte er sich als Laienprediger, wochentags war er Swanepoels Kompagnon. Die Methode der beiden bestand aus einer Mischung von vulgären Flüchen und verdächtig onkelhaften Schmeicheleien.

Nun hätte ich lange genug herumgesessen, ohne ihnen irgend etwas zu verraten, stellten sie fest. Schließlich säße ich im Gefängnis, um Fragen zu beantworten. Die Antworten müßten zur Zufriedenheit des Ministers ausfallen.
Woher sie wüßten, daß ich etwas wüßte? fragte ich. Das wüßten sie, sagten sie. Schließlich gehörte ich zur »Szene«.
»Zur Szene?« sagte ich. »Welcher Szene?«
Mein Ehemann, mein Vater, sagten sie. Über die wüßten sie Bescheid. Warum Joe, mein Ehemann, das Land verlassen habe, fragte Swanepoel drohend. Er wurde laut. »Er ist ein Feigling«, brüllte er. »Er ist ein Feigling, der abgehauen ist.«
»Glauben Sie im Ernst, Sie können mir etwas über Joe erzählen…?«
Swanepoel lehnte sich vor. »Und wir wissen, daß er Ihnen aus Dar-es-Salaam Geld geschickt hat.« »Hat er das?« sagte ich. »Es wurde ja auch Zeit. Und warum darf er uns keinen Unterhalt schicken?«
»Das Geld war nicht für Sie«, knurrte Swanepoel. »Es war Geld für die Bewegung… Wir wissen Bescheid.«
»Wissen Sie? Gut, wenn Sie es behaupten…«
Woher kam das Geld? wollten die beiden wissen. Immer wieder kamen sie auf diese Frage zurück. Swanepoel krakeelte. Van Zyl schien sich zu amüsieren, wenn ich ebenfalls laut wurde. Sie bestanden darauf, daß ich ihre Fragen beantwortete, dazu sei ich schließlich da. »Ich denke, Sie wissen schon alles?« sagte ich. »Das sagen Sie doch ständig, und in Anbetracht dessen, wie dick Ihre Aktentaschen sind, müssen Sie doch Beweismaterial in Hülle und Fülle haben.« Ihre Akten-

taschen lagen vor uns auf dem Tisch. »Oh, da sind nur unsere Butterbrote und die Schnapsflaschen drin«, sagten sie. Einen Augenblick lang hatten wir zusammen unseren Spaß.

Swanepoel machte einen erneuten Anlauf, dann noch einen. Er wandte sich an Van Zyl. »Sie hat es hier zu gut. Für sie sind es Ferien. Wir müssen sie nach Pretoria verlegen, da wird es ihr nicht gefallen.«

Wieder fragte er, warum Joe das Land verlassen habe. »Joe ist kein Dummkopf«, sagte ich. »Ist Ihnen je der Gedanke gekommen, daß er für diese Situation Vorsorge getroffen hat? Wieso wissen Sie, daß ich überhaupt etwas weiß. Womöglich hat er zum Abschied gesagt: ›Meine Liebe, wenn ich fort bin, besteht durchaus die Möglichkeit, daß der Sicherheitsdienst dich in Neunzig-Tage-Haft nimmt, um dich meinetwegen auszuhorchen... also gehe ich, ohne dir die Gründe zu erzählen... Dann ist es für den Sicherheitsdienst sinnlos, dich zu verhören, was meinst du?‹«

Swanepoel war Meister im Sticheln und Schikanieren, doch selbst vertrug er typischerweise keinen Spott. Sein Gesicht wurde noch röter, als es bereits war.

»Sie sind eine uneinsichtige Frau, Mrs. Slovo. Aber vergessen Sie nicht: Über kurz oder lang bricht jeder zusammen. Unsere Aufgabe ist es, den wunden Punkt zu finden. Und wir werden ihn finden.«

Selbst jetzt kann ich nicht beschreiben, wie es geschah, doch kurz danach ließ man mich zwei Dinge wissen, die mich entsetzten. Erste Enthüllung: Nach einem Treffen mit Mandela, Sisulu und anderen, bei dem ich auch anwesend war, hatte ein Delegierter Informationen an die Polizei gegeben. Der Sicherheitsdienst besaß vermutlich eine Teilnehmerliste der streng vertraulichen Gespräche, kannte die Punkte der Tagesordnung und hatte vielleicht sogar Bericht davon erhalten, was jeder von uns gesagt hatte. Eine Informationsquelle wurde hier offengelegt; gab es weitere? Zweite Enthüllung: Der Sicherheitsdienst bespitzelte meinen Vater und meine Mutter. Daß mein Vater observiert wurde, wußte ich. Swanepoel machte keinen Hehl daraus. Würden sie auch etwas gegen meine Mutter unternehmen? Wenn sie James Kantor hinter Schloß und Riegel gebracht hatten, weil er Harolds Geschäftspartner und Schwager war, was konnte sie dann davon abhalten, meine Mutter einzusperren, um an meinen Vater heranzukommen? Die Möglichkeit, daß man sie verhaften könnte, machte mich mutlos. Wie würde sie es in einer schmutzigen, schäbigen Zelle aushalten. Im Juni hatten die Kinder Joe verloren, mich Anfang August. Nach den Fragen des Sicherheitsdienstes zu schließen, war mein Vater womöglich untergetaucht. Schweren Herzens hatte ich die Kinder verlassen, doch immerhin hatte ich gewußt, daß meine Mutter mich gut vertreten würde. Sperrte man sie ein, wären die Kinder allein.

Ich mußte einen Weg finden, sie zu warnen. Ich dachte einen Tag lang darüber nach, wie ich eine Nachricht hinausschmuggeln könnte; einen zweiten, wie diese Nachricht lauten müßte. Ich holte die Bleistiftmine aus dem Futter meines Koffers hervor. Ich verfaßte die Nachricht, doch dann zerriß ich sie. Was, wenn sie abgefangen würde. Anstatt meine Mutter zu warnen, würde ich die ganze Aufmerksamkeit des Sicherheitsdienstes auf sie lenken. Was konnte ich schreiben, das harmlos erschien. Eine andere Nachricht hatte keine Chance durchzukommen. Wir hatten keine Zeit, Meinungen auszutauschen und Aktionen zu diskutieren, die Nachricht mußte eindeutig sein. Ich verfaßte einen neuen Text und noch einen. Wenn ich die Warnung wiederholte, die ich erhalten hatte, gab ich meine Informationsquelle preis. Ermahnte ich meine Mutter zur Vorsicht, würde sie ungeduldig abwinken. Der einzige Weg, ihre Freiheit zu sichern, erschien mir, wenn ich darauf bestünde, daß sie meinet- und ihretwillen die Kinder fortbrächte. Mit unendlichen Mühen schrieb ich eine Botschaft aus dreißig dringlichen Worten, die ich ihr auf einem für den Notfall vereinbarten Weg zukommen lassen wollte. (Meine Mutter wußte, daß ich im Notfall diesen Weg benutzen würde, um sie zu erreichen.) Ich wartete einige Tage, bis ich die Botschaft abschickte, damit sie wie verabredet aufgelesen werden konnte. Dann wartete ich auf eine Antwort. Nichts geschah, weder am ersten Tag noch am zweiten, noch am dritten oder vierten. Am fünften Tag mußte ich davon ausgehen, daß die Botschaft nicht durchgekommen war. Das Übermittlungssystem hatte nicht funktioniert. Falls ich es schon vergessen hatte, jetzt wurde es mir wieder deutlich: Ich war von jeglichem Kontakt abgeschnitten, und meine Chancen, die Isolation zu durchbrechen, waren selbst in dringenden Notfällen gleich Null.

Während der ersten Wochen im Gefängnis war ich in unvernünftiger Hochstimmung gewesen, war entschlossen gewesen, den Nervenkrieg auszuhalten. Doch nun fühlte ich mich hin- und hergerissen. Meine Eltern, und durch sie die Kinder, waren in die Schußlinie geraten. Was hatte der Sicherheitsdienst vor? Wer stand außerdem auf der Liste der zu Verhaftenden? Wer war zum Informanten geworden? Ich lag da und machte mir Sorgen, morgens im Halbschlaf, tagsüber, selbst im Schlaf sorgte ich mich. Ich schlief nicht mehr gut.

Sie besitzen die Zeugenaussagen des Mannes, der bei dem Treffen anwesend war. Wessen noch? Wie waren sie auf das Versteck in Rivonia gestoßen? Der Schock der Razzia vor einem Monat donnerstags nachmittags hallte nach: Kathy hatte Wolpe das Haar rot gefärbt, damit er dem Vetter des portugiesischen Gärtners glich. Walter Sisulu mit entkraustem Haar und Charlie-Chaplin-Schnurrbart hatte sich von seinem Anzug getrennt und trug einen Pullover, dessen buntes Muster Seemannstätowierungen glich; er bekam damals Zahnschmerzen, hätte zum Zahnarzt gemußt. (Ist während seiner Neunzig-Tage-Haft der Zahnarzt in seine Zelle gekommen?) Govan in seinem blauen Denim-Overall trug zwar Arbeiterkluft, doch hatte er ständig einen Stift in der Hand, schrieb, zeichnete, plante. Dann war der Bäckereilieferwagen langsam die gewundene Straße heraufgekommen. »*Ons slaan toe!*« (Nun aber los!) hatte der diensthabende Offizier, Leutnant Van Wyk erklärt, und die Polizisten waren aus dem Wagen gepurzelt. Walter wollte durchs Fenster fliehen, doch ein Polizeihund brachte ihn zu Fall. Raymond, Walter, Govan und Kathy, Rusty und Dennis wurden Handschellen angelegt. Arthur und Hazel hatten sie auch erwischt. Polizisten hatten mit Nicholas und Paul, den beiden jüngsten Goldreich-Kindern, Ball gespielt und den fünfjährigen Paul gefragt, wie die Freunde seines Vaters hießen. Landarbeiter und Hausangestellte waren zusammengetrieben und in Polizeiwagen verfrachtet worden. Nun saßen alle in Einzelhaft.

Die Abfolge der Ereignisse verschwamm in der Erinnerung; mir fiel es schwer, die Befürchtungen und die Tatsachen auseinanderzuhalten. Ich sehnte mich nach der Zeit, die rückblickend mir als die sorglose Leere der ersten Tage in Gefangenschaft erschien. Ich rang mir Entscheidungen ab, die auf bruchstückhaften Informationen basieren mußten, und wußte, daß meine Gedanken durch die Einzelhaft heillos durcheinandergeraten waren. Gab es genug Beweise, um mich zu verurteilen? Wer saß außer mir bereits im Gefängnis? Wer redete? Was stand in ihren Akten über das Treffen, an dem ich teilgenommen hatte? War ich denunziert worden? Ich konnte mich nur unklar an das Treffen erinnern, die Zuammenkünfte in Rivonia schienen miteinander zu verschmelzen, mit anderen Treffen anderswo: Es hatte zu viele von ihnen gegeben.

Ich begann mich mit der Aussicht vertraut zu machen, nicht nur neunzig Tage, sondern Jahre in Haft zu verbringen. Ich fand, je früher ich mich mit dieser Vorstellung vertraut machte, desto leichter wäre sie zu ertragen. Einmal verurteilt, könnte ich vielleicht lesen, etwas lernen, vielleicht sogar schreiben; im schlimmsten Fall könnte ich Erfahrungen und Eindrücke sammeln für den Tag, an dem ich wieder schreiben würde. Alles würde ich daransetzen, mein Selbstmitleid zu verdrängen. Ich würde mich anstrengen, nicht an die Kinder zu denken, das war das Schwerste. Doch sie wären irgendwo, wo sie nicht ständig erinnert würden, daß ich im Gefängnis saß, und außerdem hatten sie Joe. Ich hatte ihn immer so sehr gebraucht; nun würde er den Kindern seinen Mut, seinen Optimismus, seinen Humor geben. Es hätte viel schlimmer kommen können: Joe könnte in einer Zelle oben bei den Männern sitzen. Nur durch einen glücklichen Zufall war er bei dem Überfall auf Rivonia und dem, was danach kam, nicht anwesend gewesen, war davongekommen. Ich durfte nicht immerzu an die Kinder denken. Ich mußte mich konzentrieren, um meine eigene Lage in den Griff zu bekommen... Dennoch dachte ich unaufhörlich an sie.

Ich wurde ins Sprechzimmer gerufen. Ein grauhaariger Mann im braunen Anzug schritt ungeduldig im Gang auf und ab. »Ich bin Oberst Klindt«, sagte er. »Ich bin gekommen, um Ihnen mitzuteilen, daß Ihre Mutter Sie heute besuchen sollte, doch sie hat heute morgen angerufen und abgesagt. Sie ist krank, aber es ist nichts Ernstes. Eine Magenverstimmung. Ich soll Ihnen ausrichten, Sie sollen sich nicht sorgen, das liegt zur Zeit in der Luft.«

Oberst Klindt, der Leiter der größten sicherheitsdienstlichen Abteilung des Landes, kam höchstpersönlich, um mir mitzuteilen, daß meine Mutter unwohl war...

»Meine Beamten berichten, daß Sie sich weigern, Fragen zu beantworten«, sagte er. »Stimmt das?«

»Wie kann ich Fragen beantworten...?« Ich begann mein übliches Spiel. »Ich kann nicht sagen, ob ich ihre Fragen beantworte, solange ich nicht weiß, ob ich vor Gericht gestellt werde...«

»Sie werden vor Gericht gestellt«, sagte Oberst Klindt.

»Allein oder mit anderen?« fragte ich.

»Mit anderen.«

Meine Mutter durfte mich besuchen. Ich nahm an, daß Oberst Klindt selten ins Gefängnis kam. Er saß hauptsächlich in seinem Büro in *The Grays* und beaufsichtigte seine Sicherheitsbeamten und Verhörer. Zu wichtigen Aktionen ging er persönlich... und wenn es ihm paßte, widmete er sich auch den besorgten Verwandten seiner Gefangenen. Er allein entschied über Besuchserlaubnisse. Meine Mutter ließ nicht locker und sprach immer wieder in *The Grays* vor, Anwälte im Schlepptau, brachte Briefe von der Bank, Formulare, die ich unterschreiben mußte. Von zehn Anträgen, die sie stellte, wurde einer genehmigt.

Diesmal sagte sie: »Möchtest du sämtliche Neuigkeiten oder nur die guten?«

»Sämtliche, auch die schlechten.«

»Ronnie ist verhaftet worden. Lieber hätten sie mich nehmen sollen.«

Ronnie ist mein Bruder.

Leidend holte mich zum täglichen Hofgang. Zweimal, während ich im Hof auf- und abging, öffnete sie das schwere Tor und sah nach mir. Das zweite Mal rief sie den Zellenwärter und sagte, daß ich es hören konnte: »Sie muß noch ihren Koffer packen. Wir sagen es ihr besser jetzt.«

»Was sagen Sie mir?« forderte ich.

»Mr. Nel hat gesagt, wir wollen zusehen, daß Sie rechtzeitig fertig sind. Er holt Sie nachher ab.«

Eine Stunde später kam Nel mit einem Mann vom Sicherheitsdienst, den ich noch nicht kannte. Er hieß Van Rensburg und hatte, wie ich erfuhr, meinen Bruder verhaftet und war für seinen Fall zuständig. Eine Angestellte aus dem Central Investigation Department war für diesen Tag von der Schreibarbeit befreit worden und sollte mich begleiten.

Der Wagen fuhr in Richtung Pretoria. Warum, fragte ich Nel, wurde ich nach Pretoria gebracht?

»Da bekommen Sie einen festeren Wohnsitz, Mrs. Slovo«, sagte er.

Drittes Kapitel

Isolation im Vakuum

Ich saß mit meinen Bewachern auf dem Rücksitz einer zweitürigen Limousine. Nel fuhr, und Van Rensburg drehte sich auf dem Beifahrersitz um und fragte mich:
»Wo ist Ihr Vater?«
»Sie sperren mich zwei Monate ein, um mir diese Frage zu stellen? Woher soll ich das wissen?«
»Denken Sie gut nach, vielleicht fällt Ihnen dann etwas ein... Frauen verfügen doch über einen sechsten Sinn...«
»Ich nicht«, sagte ich.
Er wäre nicht gern neunzig Tage hinter Gittern, sagte Van Rensburg. Es machte ihm nichts aus, mir mitzuteilen, daß ihm die Bücher dabei am meisten fehlen würden.
»Tatsächlich!« sagte ich. »Welche Bücher denn?«
»Philosophische«, sagte er.
Am Stadtrand von Pretoria bog der Wagen ab und fuhr links in eine Straße hinein, die ausgeschildert war »Zentralgefängnis«. Ein Gefängnisgebäude reihte sich ans nächste: zweistöckige Betonbauten mit falschen Zinnen und imitierten Türmen, riesigen eisenbeschlagenen Toren mit kleinen Türen darin.
Die Beamten schienen sich nicht auszukennen. Vielleicht besuchten sie, wie ich, das Zentrale Frauengefängnis zum erstenmal.
Im Büro der Gefängnisvorsteherin zwitscherte ein Vogel im Käfig auf einem Sockel, und ein mürrischer Pekinese lag auf dem Teppich und bleckte seine winzigen Zähne, zeigte seine schwärzlichen Lefzen. Vor dem Fenster war ein Löwenmäulchenbeet. »Ach, man sieht doch gleich, daß Frauenhände am Werk sind«, schmeichelten die beiden Männer. Nel, Van Rensburg und die Vorsteherin steckten die Köpfe zusammen und wiederholten nacheinander auf Afrikaans die mich betreffenden Anweisungen. Keinerlei Besuch. Keine Bücher. Kein Kontakt zu irgend jemandem.

»Ich habe ein besonders schönes Zimmer für sie reserviert«,
sagte die Vorsteherin.

Sie schaute zur Tür, wo sich die Aufseherinnen der Reihe
nach aufgestellt hatten. Sie trugen khakifarbene Röcke, ge-
stärkte rosa Blusen und auf steif onduliertem Haar khakifarbene Schiffchen. Sie nahmen Haltung an, und die ganze Reihe
machte Anstalten, mich auf Kommando nach oben zu begleiten. »Nicht alle!« erklärte die Vorsteherin, und drei der acht
Aufseherinnen lösten sich aus der Gruppe und führten mich
zur Treppe. Ich stöckelte auf hohen Absätzen, warf mich in
meinem anthrazitgrauen Kostüm in die Brust, bedacht,
meine Umgebung zu beeindrucken, solange ich noch außerhalb der Zelle war. So sehr war ich damit beschäftigt, einen
würdigen Eindruck zu hinterlassen, daß ich die Keksdose, die
ich in der Hand hielt, fallen ließ und auf allen vieren die
Krümel auflesen mußte.

Das »schöne Zimmer« lag oben an der Treppe. Es war zwei-
einhalbmal so groß wie meine Zelle am Marshall Square und
so hell wie die vorherige finster. Das Bett war frisch bezogen.
Eins der vergitterten Fenster hoch oben in der Wand bot
einen Blick auf die Vorderseite des Gefängnisses, das zweite
war ein vorzüglicher Ausguck, von dort aus ließ sich die
Treppe überblicken. Die Zelle hatte zwei Türen: Die eine war
aus Stahl mit einem Guckloch in der Mitte; die innere bestand
aus Drahtgeflecht und engstehenden Gitterstangen. Die Aufseherinnen brachten eine emaillierte Wasserkanne, Tasse,
Untertasse und Teller aus Porzellan, Gabel und Löffel und
ein blütenweißes Tischtuch. Mein Hausfrauenherz schlug
höher, und ich stellte diese Habseligkeiten ordentlich in Reih
und Glied, hing meine Jacke ans Gitter des Treppenfensters
und stellte meine Schuhe unters Bett.

Ich hätte eine Stunde täglich Zeit zum Hofgang, und dann
könnte ich auch ein Bad nehmen, sagte die Vorsteherin.
Könnte ich nicht des Morgens baden? bat ich, und die Vorsteherin ließ sich erweichen. Ich fragte, wann ich zur Toilette
gelassen würde. Sie sah mich erstaunt an. »Sie haben doch den
Eimer«, sagte sie und zog unter dem Bett einen großen email-
lierten Deckeleimer hervor. Den würde ich unter keinen Umständen benutzen, erklärte ich. Das könne ich nicht und
wolle ich nicht. Sie wollte den Grund wissen, doch ich be-

stand ohne Angabe eines Grundes hartnäckig auf meiner Weigerung, und wieder gab sie nach, vielleicht dachte sie, ich hätte ein körperliches Gebrechen. Ich würde also morgens herausgelassen, um ein Bad zu nehmen, mittags hätte ich eine Stunde Hofgang, und am späten Nachmittag kurz vor der Schließzeit dürfte ich zur Toilette. Den übrigen Tag bliebe ich in meiner Zelle.

Die Aufseherinnen zogen sich zurück, zogen die beiden schweren Türen hinter sich zu. Die Geräusche verebbten in Richtung Erdgeschoß. Ich eilte ans Guckloch, doch da blickte ich nur auf die bloße Wand. Es war, als hätte man mir Scheuklappen angelegt. Nur wenn ich dreimal täglich aus der Zelle geholt wurde, konnte ich, während ich die Treppe hinauf- und hinuntergeleitet wurde, einen hastigen Blick nach rechts und links werfen. Es waren die einzigen Gelegenheiten, bei denen ich meine Umgebung im ersten Stock in Augenschein nehmen konnte. Meine Zelle lag zwischen zwei endlosen parallelen Gängen, an jedem Gang lagen gleich große vergitterte Zellen, eine neben der anderen, wie Bankenschließfächer für menschliche Wesen. Nur die mir am nächsten liegende Zelle schien besetzt. Ein hoher Hocker stand vor dieser Zelle, deren innere Gittertür nur geschlossen war. Den ganzen Tag und die ganze Nacht lang, wenn das elektrische Licht brannte, kauerte eine Aufseherin wortlos auf dem Hocker. In der Zelle saß an einem Tisch eine Afrikanerin. Sie hatte die Arme aufgestützt und hielt den bloßen Kopf gesenkt. Ihr Gesicht konnte ich nicht sehen. Ich sah sie niemals aufschauen, hörte sie niemals sprechen. Vier Tage hintereinander fragte ich die Aufseherinnen, warum sie Tag und Nacht bewacht wurde. Ich bekam niemals Antwort: Die Anordnung lautete, nicht mit mir zu reden. Am fünften Tag wurde die Gefangene verlegt. Ich weiß nicht, wohin man sie brachte. Ich hatte die ganze Zeit den Verdacht – der sich nun zu bestätigen schien –, daß sie zum Tode verurteilt war und in der Todeszelle gesessen hatte.

Nachdem sie fortgebracht worden war, hatte ich die ganze Etage für mich allein. Meine Zelle war das Renommierstück des Hauses. Man hätte es fast für ein Zimmer, keine Zelle halten können, wenn die Gitter vor Fenstern und Türen nicht gewesen wären. In der Dämmerung und abends, wenn Licht brannte, warfen sie auf Wände und Decke ihre Schatten.

Das Fenster zur Treppe war als Ausguck unergiebig. Nur wenn die Aufseherinnen mir das Essen brachten oder das Geschirr abholten, wurde die Treppe benutzt. Ich blieb in meinem Käfig und brütete über den Aktivitäten, deren Lärm aus der Ferne des Gebäudes zu mir heraufhallte.

Um aus dem größeren Fenster zu sehen, mußte ich mich auf Zehenspitzen auf das eiserne Bettgestell stellen und mich an den Gitterstangen meines Käfigs hochziehen. Direkt unter dem Fenster war die Hauptstraße des gesammten Gefängniskomplexes, und gegenüber lag – meinem Kerkerdasein zum Hohn – ein fabelhafter Swimmingpool mit Sprungturm und Sprungbrett, umgeben von Rasen und Blumenbeeten, und in der Ferne, doch immer noch in meinem Blickfeld, zwei Bowlingbahnen und mehrere Tennisplätze. Das waren die Erholungseinrichtungen für das (weiße) Gefängnispersonal und dessen Familienangehörige. Durch das vergitterte Fenster beobachtete ich mit einer Neugierde, die bald in Groll umschlug, das Wochenendgeschehen. Wärter in Khakiuniformen durchschritten die Sperre am Eingang, um am Rande des glitzernden Beckens als gebräunte, muskulöse junge Männer wieder in Erscheinung zu treten – dem Reklamebild von Männern gleichend, die für das Sonnenland Südafrika warben. Ihre Freundinnen trugen Bikinis und italienische Badetaschen. Die Paare sonnten sich und schwammen, tauchten und planschten, faulenzten und flirteten. Was dort vor sich ging, war das normale Wochenendvergnügen, typisch für Südafrika, und gerade diese Normalität empfand ich als eine tiefgehende Beleidigung. Ich stellte fest, daß ich jeden sportbegeisterten Wärter, jede Aufseherin in der Erwartung beobachtete, ob sie hinauf zu den vergitterten Zellenfenstern blicken würden. Niemand tat es.

Manchmal hing ich stundenlang ans Gitter geklammert. Die Woche über arbeiteten Gruppen afrikanischer Sträflinge, um das Wochenende vorzubereiten, sie fegten, wässerten, jäteten, planierten den Rasen und stutzten seine Kanten, bis diese wie rasiert wirkten. Bewaffnete Wärter bewachten die Männer, die gebeugt und fast im Laufschritt ihre Arbeit verrichteten, wie es sich für afrikanische Gefangene anscheinend gehörte. Sie trugen schmutzige, ehemals weiße Unterhemden und Shorts und gingen barfuß. Haut und Knochen, die sie waren, glichen sie zu Leben erweckten Marionetten, deren unterwürfiges Benehmen gegenüber ihren Bewachern in dieser sorglosen Umgebung widersinnig wirkte. Zum Wochenende wurden die Sträflinge ins Gefängnis zurückgeschafft; die Arbeit war getan, und Wasser und Rasen lagen einladend den Bewachern zu Füßen. Die entfernteren Kegelbahnen schienen das Reich der höheren Herren und älteren Jahrgänge in der Gefängnisleitung zu sein, und die behäbigen Gestalten und langsamen Bewegungen reflektierten die größere Würde und die schwerere Last der Verantwortung.

Von Angesicht zu Angesicht erlebte ich nur zwei Vertreter der Gefängnisleitung: den Gefängniskommandanten, Oberst Au'camp, und seinen Stellvertreter, Major Bowen.

Am zweiten Tag meines Aufenthalts in Pretoria öffnete sich schwungvoll die Tür meiner Zelle, und der Oberst trat auf die Bildfläche. Ich wußte nicht, daß die Bestimmungen es verlangten, daß jede Gefangene beim Erscheinen einer Aufseherin, geschweige denn des Gefängnisleiters, strammzustehen hatte. Ich lag auf dem Bett, wie die Vorsteherin mit Entsetzen feststellte. Selbst sie stehe auf, wenn der Oberst komme, hielt sie mir später vor. Ich erinnerte sie an die Tatsache, daß sie – im Gegensatz zu mir – dieser Institution freiwillig beigetreten war. Nach jener Zurechtweisung stand ich jedesmal, wenn die Vorsteherin oder einer ihrer Vorgesetzten die Zelle betrat, auf, wenngleich meine Haltung militärischen Ansprüchen wohl kaum genügte. Oberst Au'camp hütete sich, einzutreten. Er blieb in der Tür stehen, die kleinen Schweinsaugen in seinem fleischigen Gesicht betrachteten mich, sein Mund schien sich kaum merklich zu einem spöttischen Grinsen zu verziehen. Beim zweitenmal war sein Grinsen schon breiter, und ich vermutete, daß er sich langsam mit dem Gedanken anfreundete, eine Gefangene in Neunzig-Tage-Haft in seinem Gewahrsam zu haben. Dagegen war Major Bowen ein extrovertierter, geschwätziger Mann. Wenn er Inspektion machte, kam er in die Zelle marschiert und schwenkte seinen Kommandeurstab im Takt zu seiner Frage: »Nun? Wie ist die Lage? Dies ist ein Gefängnis, und wir sind an die Bestimmungen gebunden, aber nur heraus mit der Sprache, wenn wir Ihren Aufenthalt angenehmer machen können.« Major Bowen sonnte sich in der Rolle des Gastgebers, doch an den

Fragen, die er der Vorsteherin, die ihn bei der Inspektion begleitete, stellte, merkten wir beide, daß er von den Bedingungen der Neunzig-Tage-Haft keine Ahnung hatte. »Haben Sie ihr mitgeteilt, daß sie ihre Familie zu Besuch haben kann?« fragte er, weil er von meiner Straßenkleidung darauf schloß, ich wartete auf meinen Gerichtsprozeß. »O nein!« sagte die Vorsteherin. »Sie darf niemanden sehen. Anordnung des Sicherheitsdienstes.« Wir erklärten ihm gemeinsam, daß ich keinen Besuch empfangen, nicht arbeiten und lediglich die Bibel lesen dürfe. Spontan äußerte er seine Anteilnahme. Nichts zu lesen, sagte er, »*Dis Swaar*« (Das ist hart), und dann aufmunternd zu mir: »Sie werden das Beste daraus machen. Lesen Sie die Bibel. Und beten Sie zu Gott, beten Sie!«

Ich las die Bibel, von der ersten bis zur letzten Seite, zuerst das Alte Testament, dann das Neue. Als ich sie durchgelesen hatte, begann ich wieder von vorn. Ich lernte die Psalmen und Sprüche auswendig.

Des Narren Mund ist sein Untergang,
und seine Lippen sind die Fallstricke seiner Seele.

und

Vertrauen in einen treulosen Mann in schwerer Zeit
ist wie ein zerbrochener Zahn und ein verrenkter Fuß.

Was zu meiner elenden Lage paßte, zu meinem Ausgeliefertsein an Informanten und Sicherheitsdienst, sammelte ich und versuchte, es auswendig zu lernen.

Ich beschäftigte mich ausgiebig mit der Schöpfungsgeschichte und den Berichten von der Vertreibung, den glühenden Offenbarungen; ich überschlug ungeduldig die umständlichen Sammlungen der Tabus und Rituale, die ermüdenden Berichte im Buch der Zahlen, die verworrenen zeitlichen Abfolgen der Chroniken. Die Melancholie des Jeremias und die Klagen waren mir vertraut. Ich fragte mich, wie diejenigen, die in der Bibel Trost suchten, ihn bei den bösen, rachsüchtigen Göttern des Alten Testaments finden konnten. Die Evangelisten enthüllten eine neue Gottheit: mitfühlend und von menschlicher Größe. Doch dann trat Paulus mit seinen Rabbinerpraktiken auf, um mit den spitzfindigen Dogmatikern der alten Schule die Lehre auszulegen und die Unterwerfung unter irdische Herrscher und die Nichteinmischung in Fragen der Rechtmäßigkeit der Königreiche auf Erden zu predigen.

Ich hatte die Bibel in den zwei Monaten am Marshall Square ständig gelesen, und es gab Tage, an denen ich mich – angesichts der drastischen Visionen und unheilverkündenden Weissagungen – nicht dazu bringen konnte, das Buch aufzuschlagen. Hätte ich Kommentare zur Hand gehabt, wäre ich womöglich zu einem eingehenderen Studium der Evangelien und der Predigten und Briefe Paulus' vorgedrungen, doch der Sicherheitsdienst gestand uns die Lektüre der Bibel nicht zu, um unseren Glauben und unser Verständnis zu vertiefen oder unser religiöses Wissen zu erweitern, sondern aus Rücksicht gegenüber dem Calvinismus der Regierung und der Nationalen Partei, die auf nicht nachvollziehbare Weise die Apartheidpolitik aus ihrer Interpretation der göttlichen Heilslehre ableiteten und deshalb den Ballast dieser Theologie keinem Gefangenen, nicht einmal einer ungläubigen ›Politischen‹ verwehren konnten. Indem sie uns die Bibel gaben, schienen sie zu glauben, sie erfüllten an uns Gefangenen die Christenpflicht des Staates. Sie hofften, daß die Bibel und die Einzelzelle zusammen mit den Verhörmethoden des Sicherheitsdienstes ihre Wirkung tun würden.

Von fünfundneunzig Minuten abgesehen, blieb ich tagsüber in meiner Zelle. Ich beharrte jedoch auf meinem Entschluß, unter keinen Umständen den Toiletteneimer zu benutzen. Also hielt ich durch, bis gegen sieben Uhr morgens die Tagschicht den Nachtdienst ablöste und mich aus meiner Zelle befreite, mich für eine halbe Stunde im Badezimmer einschloß. Gegen Mittag holte man mich wieder ab und sperrte mich für eine Stunde in den Hof. Schließzeit war um 16.30 Uhr, und ungefähr zwanzig Minuten, bevor die Tagschicht das Gefängnis verließ, wurde ich noch einmal ein paar Minuten hinausgelassen. Das war die übliche Prozedur, die nur sonntags und an Feiertagen unterbrochen wurde. In der zweiten Woche meiner Verlegung nach Pretoria wurde die Schließzeit unerklärlicherweise zwei Stunden vorverlegt, und ich war für die Dauer von siebzehn Stunden ununterbrochen in meiner Zelle, immer noch ohne den Eimer zu benutzen. Meine Blase bestand den Gefängnistest so gut wie alle meine übrigen Körperteile, wenn nicht besser.

Der Tag begann um sieben Uhr morgens mit Sirenengeheul und großem Getöse aus der unteren Etage. Nur dem Scheppern des Blechgeschirrs und den lauten Befehlen der Aufseherinnen konnte ich entnehmen, was unten vor sich ging. Ich stellte mir vor, wie die Gemeinschaftszelle geöffnet wurde und die Gefangenen ihre Teller mit kaltem pappigen Porridge bekamen – Standardfrühstück im Gefängnis. Bis ich an die Reihe kam, waren keine Gefangenen mehr zu sehen, nur riesige Teewagen standen im Weg, auf denen vermutlich das Essen aus der Küche gebracht worden war. Egal wohin ich gebracht wurde, immer begleiteten mich zwei Aufseherinnen, eskortierten mich, wenn wir zum Badehaus trabten. Hatten sie mich dort eingeschlossen, wurden nebenan der Reihe nach die Kranken des Gefängnisses aufgerufen. So hatte ich die Chance, einige der Insassen zu sehen. Die Aufseherinnen mußten eine Weile auf die Ankunft des Doktors warten, und in dieser Zeit bezog ich am Badehausfenster Stellung und beobachtete die afrikanischen Frauen.

Sie trugen kaffeebraune Wickelkleider und leuchtendrote *doeks* und unter ihren braunen Röcken kurze Unterröcke aus weiß-blau-gestreiftem Flanell. Mehrere der Frauen trugen Säuglinge auf dem Rücken. An ihren Gürteln hingen Becher und Löffel. Wenn die Wache nicht in der Nähe war, standen sie entspannt zusammen und redeten und lachten. Meist bemerkte jemand, wie ich durch das Gitterfenster hinüberstarrte, zeigte mich den übrigen, und wir machten über den Hof einander Zeichen.

Bald darauf erschien der Arzt, wurde die Treppe hinauf in den Raum geführt, der als Krankenstation diente, und in Windeseile schritt er die Reihen der Kranken ab. Dem Tempo seiner Visite nach zu urteilen, erteilte er höchstens Tablettenrationen. Mich ließ man dreißig Minuten im Badehaus, dann erschienen meine beiden Bewacherinnen und begleiteten mich wieder nach oben.

Eines Tages entdeckte ich zufällig zwei weiße Frauen in Gefangenenkleidung, die an der Tür zur Sanitätsstation standen. Es waren farblose Geschöpfe mit strähnigen Haaren und scheuen Bewegungen. Wahrscheinlich warteten sie in diesem Gefängnis auf ihre Verlegung in eins der Frauengefängnisse wie Ermelo, Nylstroom oder Pietersburg, denn das Zentralgefängnis in Pretoria war eigentlich nur für Afrikanerinnen, die zu einer Strafdauer von mehr als einem halben Jahr verurteilt worden waren.

Die Zeichen, die ich durchs Fenster mit den Afrikanerinnen austauschte, waren, abgesehen vom Gefängnispersonal, mein einziger menschlicher Kontakt. Wieder in der Zelle, frühstückte ich, solange ich konnte, versuchte die Aktion auszudehnen, doch länger als fünfundzwanzig Minuten habe ich es nicht hinziehen können. Dann mußte ich mir viereinhalb Stunden Zeit bis zum Hofgang vertreiben.

Des Mittags, wenn ich aus der Zelle geholt wurde, war der Hof menschenleer, die afrikanischen Gefangenen waren zum Mittagessen in ihre Zellen geschlossen worden. Der Hof hing voller Wäsche, die zum Trocknen reihenweise von der Wäscheleine und vom Lattenzaun herabhing, der den Hof umgab. Auch der Rasen war mit Wäschestücken bedeckt. Aus dem Gefängnis war eine Wäscherei geworden. Ich unterzog jedes Stück einer eingehenden Untersuchung, als sei es mir zur Inspektion vorgelegt. Am Zaun hingen Posttaschen aus grobem Stoff. An allen Ecken und Enden gab es Handtücher, die mit SAP (Südafrik. Polizei) gekennzeichnet waren – sie kamen wahrscheinlich von den Polizeiwachen. Die Prachtexemplare der Wäscheausstellung hatten ihren Platz auf der Leine. Da gab es alle nur erdenklichen Kleidungsstücke, die meisten in gutem Zustand. Jedes Teil trug eine Nummer und einen wohlbekannten afrikaansen Namen eingenäht. Ich bahnte mir meinen Weg zwischen Reihen von Kleidern, Hemden, Westen, Blusen, Shorts und Jeans, die mit Van der Merwe, Kemp, Prinsloo, Erasmus, Van Wyk, Buitenkamp, Rossoouw, Potgieter, Coetzee, Van Zyl und Du Plessis gezeichnet waren. Auf der letzten Leine hingen nebeneinander drei große Aertex-Unterhosen mit praktischen amerikanischen Druckknöpfen. Gezeichnet waren sie P. K. Le Roux. P. K. Le Roux ist Südafrikas Landwirtschaftsminister. Blitzartig begriff ich. Die Gefangenen verdienten ihren Unterhalt, indem sie die Wäsche der Minister, hohen Beamten und angesehenen Familien aus Pretoria wuschen, die so für billiges Geld gute Arbeit bekamen und gleichzeitig die Rehabilitation der Straffälligen des Landes unterstützten. Die Frauen schrubbten für ihre Sünden die Laken des Gefängnisdirektors und die Myriaden Handtücher derjenigen Beamten, die Pässe und Aufenthaltsgenehmigungen erteilten, für ungültig erklärten oder widerriefen; und ich machte meinen Hofgang zwischen den Unterhosen des Landwirtschaftsministers.

Ich bahnte mir auf dem Hof meinen Weg, hüpfte über die Wäsche auf dem Gras, balancierte mit einem Bein auf den glatten Randsteinen, die die Blumenbeete einfaßten. Alles, was glänzen konnte, wurde täglich poliert: die Pflastersteine, die großen Blumenkübel, die Fensterbänke, die Abflußgitter. Der Ort war pieksauber, und nur ein ständiges Summen aus den Zellen im Erdgeschoß störte die Mittagsruhe. Abgesehen von jenem Tag, als aus dem kleinen Backsteingebäude in der hintersten Ecke des Hofs ohrenbetäubende Schreie drangen. Das Gebäude trug ein Schild *Isolasie – Isolation –*, die Strafzellen befanden sich dort. Die Schreie begannen leise, in Abständen, und nahmen ständig zu, wahnsinnig schrill, bis sie einer entsetzlichen, irrsinnigen menschlichen Sirene mit eigenem Antrieb glichen. Fünf Aufseherinnen marschierten im Gleichschritt auf das Gebäude zu und kamen wenige Minuten später wieder zurück. Ich weiß nicht, was sie der Insassin erklärt oder angetan hatten, jedenfalls verstummte das Geheul. Eine meiner beiden Bewacherinnen, die kamen, um mich wieder in die Zelle zu bringen, war an jenem Tag die Vorsteherin. Ich fragte sie, was das Heulen zu bedeuten hatte. »Dies ist ein Gefängnis«, antwortete sie.

Die Vorsteherin war altgedient. Wie die anderen, die (so ihre eigenen Worte) »dieses Spiel schon lange mitmachten«, war sie durchaus ansprechbar, zu Zeiten sogar teilnahmsvoll. Sie war sicher dreißig Jahre älter und dreißig Jahre länger im Dienst als die Ältesten ihrer Untergebenen, in wenigen Jahren würde sie in den Ruhestand versetzt. Das Gefängnispersonal aus der Zeit vor der Nationalistischen Regierung wurde immer mehr durch eine Belegschaft ersetzt, die die Apartheidpolitik aus tiefster Seele akzeptierte und jeden Übeltäter nach Apartheidmaßstäben beurteilte, d. h.: Sie verachteten alle Nicht-Weißen als minderwertig; daß diese früher oder später im Gefängnis landeten, war deshalb eine logische Konsequenz; die weißen Gefangenen straften sie mit ähnlicher Verachtung, weil die in ihren Augen böse Versager waren, die ihre (weiße, bessere) Seite verraten hatten.

Die Aufseherinnen waren halbgebildete Teenager. In Südafrika können Jugendliche im zarten Alter von sechzehn Jahren in den Gefängnisdienst eintreten. Der Gefängnisdienst ist Familientradition, und viele Polizistentöchter werden Aufseherinnen, um diese Tradition aufrechtzuerhalten. Wenn die jungen Aufseherinnen ihren Dienst antraten, richteten sie zuerst ihre Frisuren und tauschten dann die neuesten Nachrichten über ihre Verehrer aus. Wenn die Sirene ertönte, zogen sie ihre Strumpfnähte gerade und machten sich an die Arbeit, im Kopf nichts als das nächste Rendezvous. Sie waren weder neugierig noch interessiert, waren gefühllos, nicht mit Absicht, sondern weil es ihnen an Aufgeschlossenheit mangelte, sie waren höchstens oberflächlich ansprechbar. Sie, die nicht sahen, nicht fühlten, sich um nichts scherten, hatten für das tägliche Leben Hunderter von Frauen zu sorgen.

Dennoch waren diese jungen uniformierten Mädchen weniger beängstigend als die Absolventinnen der Gefängnisverwaltungslaufbahn. Sie hatten die höheren Posten inne, wurden stellvertretende Vorsteherinnen oder Vorsteherinnen. Diesen höheren Wesen werden Aufsichtsfunktionen übertragen, zu diesem Zweck haben sie die für die Gefängnisverwaltung an der Universität Pretoria eingerichteten Kurse besucht. Diese Absolventinnen haben ihre theoretischen Meisterleistungen auf dem Gebiet der Kriminalpsychologie und des Strafrechts bescheinigt bekommen. Sie sind ignorante, unsensible Jugendliche; Gefängnisamazonen, die eingebildet, voreingenommen und unerbittlich sind. Ihre eingefleischten Vorurteile gegenüber den Afrikanern, armen Leuten und sozialen Randgruppen sind durch eine pseudowissenschaftliche Kriminaltypologie zur Doktrin erhoben worden.

In Südafrika findet momentan eine Strafrechtsreform statt. Zu diesem Zweck sind, hauptsächlich für Weiße, was Anstaltskleidung, Essen und Sonderrechte angeht, gewisse Verbesserungen eingeführt worden. Doch grundsätzlich halten die Gefängnisse an der Vorstellung fest, daß ihre Funktion nicht in der Besserung oder Rehabilitation besteht, sondern darin, Rache zu üben. Die Betonung liegt auf der Strafe, je härter, desto besser; längere Haftstrafen, weniger Freiheit, höhere Mauern, dickere Gitter. Der Gefangene wird eingesperrt, sein Horizont reicht bis zu seinem Zellengitter; die meiste Zeit der Woche wird er zu Routinearbeiten herangezogen, den Rest der Zeit darf er über seine Sünden brüten. Die Gefängnisse werden nach Kriterien der Sauberkeit beurteilt, nicht nach der Reaktion der Gefangenen auf die Rehabilitation oder nach dem positiven Verhältnis zwischen Häftling und Gefängnispersonal, davon keine Spur. *»Netjes«* (nett, sauber) war der Lieblingsbegriff der Vorsteherin, und wenn sie ihre Runde machte, inspizierte sie unweigerlich zuerst, ob das Bett ordentlich gemacht war. Daher die Regel, die in meinem Fall gelockert wurde: daß keine Gefangene nach dem Aufstehen und vor der Schließzeit am späten Nachmittag ihr Bett benutzen durfte. Ich hatte auch Schwierigkeiten, bei elektrischer Beleuchtung die Bibel zu lesen, weil die Birne von einem Drahtnetz umgeben war. Die Glühbirne durfte aus dieser Hülle nicht herausgenommen werden, weil diese dann herumhing, und das sah nicht *»netjes«* aus, egal ob meine Sehkraft litt oder nicht.

Tagsüber wanderte der Lärm von dem Gebäude, in dem ich eingesperrt war, zur Wäscherei und zum Trockenhof, doch des Abends kehrten die Gefangenen, Aufseherinnen und eine Kulisse aufreizender Geräusche zurück. Während der ein, zwei Stunden, bevor im Gefängnis Nachtruhe eintrat, war das Fluchen der Aufseherinnen, die Nachtschicht hatten, weithin hörbar. Drang aus einer Zelle Lärm, hämmerten die Aufseherinnen, vulgäre Beleidigungen ausstoßend, von außen gegen die Türen. Sie nannten die Afrikanerinnen *»swarte slange«*, *»kaffermeide«*, *»swartgat«*, *»aap«* und *»swartgoed«* (schwarze Schlangen, Kaffernmädchen, schwarze Arschlöcher, Affen und schwarzer Dreck), und indem sie fluchten, schienen sie sich ihrer Autorität über die Minderwertigen und Straffälligen zu versichern. Doch der Lärm hielt nicht lange an, und die Nacht dehnte sich: für mich still und einsam, während die Afrikanerinnen unten in der übervölkerten Sammelzelle des Nachts neben offenen, nach Blut und Exkrementen stinkenden Toiletteneimern schliefen.

Ich war achtundzwanzig Tage im Zentralgefängnis von Pretoria. Es war, als steckte man in einem luftdichten, ausrangierten Aquarium. Ab und zu kam jemand vorbei, um nach mir zu schauen, und ließ etwas zu essen da. Ich konnte aus dem Glaskasten hinausgucken, die Sicht war gestochen scharf, doch zu dem, was ich draußen sah, konnte ich keine Verbindung herstellen, keinerlei Beziehung zu irgend jemandem in Sichtweite. Am Marshall Square hätte meine schmuddelige Umgebung und die generell trübselige Atmosphäre mich eigentlich melancholisch machen müssen, doch da war ich angriffslustig und aufsässig. In Pretoria blitzte um mich blanker Stahl, und ich wurde zusehends deprimierter. Meine Gefangenschaft war eine Preisgabe an grenzenlose Zeit. Ich spiegelte die neugewonnene Fähigkeit des Sicherheitsdienstes, Menschen einer zwangsweisen Trennung, einer Loslösung von der Menschlichkeit zu unterziehen. Ich fühlte mich entfremdet und ausgeschlossen von den wenigen Aktivitäten, die ich in meiner Umgebung wahrnahm; man hatte mich jeglichen zwischenmenschlichen Kontakts und Austauschs beraubt. Was geschah in der Außenwelt? Ich hing im Nichts, unwissend, unerreichbar.

Ich las die Bibel, ich hatte meine Tagträume, versuchte, mich zu disziplinierten Gedankengängen aufzuraffen. Ich entwarf die Handlung zu einem Roman. Die Helden waren meine Freunde, und ich, alle waren wir heroische Figuren. Wir planten und organisierten eine Regierungsopposition, riefen zu Streiks und zivilem Ungehorsam auf, wurden von der Polizei gehindert und gehetzt, gebannt und verhaftet. Dann wurden wir ins Gefängnis gesperrt, da saß ich nun wieder und versuchte mit meinem Zellendasein zurechtzukommen. Ich verbrachte Stunden damit, meinen Hauptfiguren hinter die politischen Fassaden zu schauen, erkundete ihre Privatsphäre, untersuchte ihre Liebesgeschichten und Ehen, ihre Enttäuschungen und großen Reden. Wenn mich die Phantasie verließ, widmete ich mich wieder der Bibel. Ich war versessen auf Lesestoff. Eines Tages am Anfang meiner Zeit in Pretoria war ich zum Freigang im Hof und entdeckte im Mülleimer, wohin die Asche aus den Küchenöfen befördert wurde, ein Stück Papier. Ich fischte es heraus und hielt es zwischen Daumen und Zeigefinger, um die Worte zu verschlingen. Es war eine Karte aus der Gefängniskartei, auf der Name, Nummer, Vergehen und Urteil eines Gefangenen vermerkt waren. Vielleicht insgesamt ein Dutzend Wörter;

doch mir erschienen sie wie ein archäologischer Fund, der bewies, daß es in unserer Gesellschaft immer noch Menschen gab, die die geschriebene Sprache achteten und in der Lage waren, sie anzuwenden. Noch besser als dieser Fund war die Ration brauner Zucker, die mir alle paar Tage zugeteilt wurde, denn die hundert bis hundertfünfzig Gramm befanden sich in Tüten, die aus altem Zeitungspapier gedreht waren. So konnte ich mir mit Hingabe einige Spalten des *War Cry*, des Organs der Heilsarmee, zu Gemüte führen, und leider nur einmal, wie wunderbar, bestand die Verpackung aus einem abgerissenen Stückchen der *Saturday Evening Post*. Um diesen Zeitungsabschnitt erfand ich eine Fortsetzungsgeschichte à la James Bond, in dem sich alles um einen Ausbruchsversuch aus dem Pretoria-Zentralgefängnis drehte – aus meiner Zelle. Gewöhnlich jedoch war auf dem Papier, in das meine Zuckerration gewickelt war, nichts als Reklame.

Anders als die Hauptperson in Stefan Zweigs *Schachnovelle* fiel mir beim Besuch des Gestapo-Hauptquartiers kein Schachlehrbuch in die Hände, und selbst wenn es so gewesen wäre, bezweifle ich, ob ich die Konzentration aufgebracht hätte, das Spiel ohne Brett oder Steine zu lernen. Ich vollführte in meinem Kopf kindliche Spiele: suchte in alphabetischer Reihenfolge nach Namen von Schriftstellern, Komponisten, Wissenschaftlern, Ländern, Städten, Tieren, Obst, Blumen und Gemüse. Im Laufe der Tage schien ich bei diesem Spiel immer weniger anstatt mehr Geschick zu entwickeln. Nun hätte ich von meinem Gedächtnis profitieren können, doch meins war immer schlecht gewesen (was der Sicherheitsdienst mir bestimmt nicht abnahm!), und ich hatte mich ein Leben lang auf Bleistift, Notizblock, Zeitungsausschnitte, Markierungen in Büchern verlassen, um mir eine Quelle, eine Tatsache, einen Zusammenhang zu merken. Die Gedichte, die ich in der Schule gelernt hatte, kamen mir nicht mehr in den Sinn; französische Verben waren mir entfallen. Ich durchlebte, was mir in der Vergangenheit widerfahren war: Gespräche und Auseinandersetzungen mit Leuten, glänzte noch einmal bei den wenigen Erfolgen und schauderte in Erinnerung an die häufigen Peinlichkeiten. Ich unterzog mich einer großangelegten Selbstbefragung, doch dermaßen unzusammenhängend und desorganisiert, daß ich zu keinerlei klarer Einsicht in diesem anormalen Zustand kam, sondern auf eine diffuse, vergangene Welt stieß, die mich von der armseligen Gegenwart ablenkte. Ich war entsetzt über meine nicht vorhandene Phantasie, meine mangelnde Einbildungskraft. Doch ich war entschlossen zu überleben, indem ich mich in eine Art Winterschlaf begab. Mein Leben verlief mit Viertelgeschwindigkeit. Das hieß abwarten, bis die Zeit verging, hieß durchhalten, gewissermaßen betäubt leben und die Probleme geringhalten, die endlos sich dehnenden Tage besiegen. Das Leben im Wartezustand war für jemanden wie mich die perfekte Falle. Tagträume ersetzten Aktivität und zweckorientiertes Denken. Teils war es das Eingesperrtsein im Vakuum, was dies bei mir bewirkte, doch zum Teil war es ein Nachgeben gegenüber meinem Wesen und der Schwierigkeit, die ich akut empfand, wenn ich ohne Hilfsmittel wie Papier und Bleistift denken und Zusammenhänge erstellen sollte.

Routineaktivitäten, die ich für mich organisieren konnte, gab es wenige, und so sehr ich mich auch bemühte, sie zeitlich zu dehnen, letztlich vergingen sie enttäuschend schnell, und ich versank wieder in Tatenlosigkeit. Mehrmals täglich machte ich sorgfältig das Bett, faltete meine Kleider, packte immer wieder meinen Koffer, putzte in allen Ecken und Winkeln Staub, polierte, säuberte die Wände mit einem Papiertuch. Ich feilte mir penibel die Fingernägel, ich zupfte mir die Augenbrauen, dann die Haare an meinen Beinen, eins nach dem anderen mit meiner kleinen Pinzette. (Wenn mich die Sonne beschien, zupfte ich mir die grauen Haare an den Schläfen aus.) Ich trennte die Säume des Kissenbezugs auf, des Handtuchs, den Saum meines Morgenrocks, um sie anschließend mit meinem eingeschmuggelten Nähzeug wieder zuzunähen, trennte wieder alles auf, nähte es wieder. Die Wiederholung dieser sinnlosen Tätigkeiten und die lange Einsamkeit machten mich zur Gefangenen meiner Routine, und ich entdeckte, daß ich wie besessen war, ständig auf der Suche nach irgendwelchen Zeichen. Ich horchte nach dem Wagengeräusch auf dem Kies, versuchte die Fahrzeugmarke zu erraten und erkletterte dann meinen Ausguck, um festzustellen, ob ich wieder einen schwarzen Strich machen mußte, weil ich falsch geraten hatte. Ich bemerkte, wie ich Wetten mit mir abschloß, an welchen Tagen die Sicherheitsbeamten mich besuchen würden; ob der Oberst oder der Major zur Inspektion käme; ob es zehn oder fünfzehn Sekunden dauerte, wenn ich die Luft anhielt und des Morgens unter die kalte Dusche ging. Ich warf Schnipsel in die Tüte, die ich als Papierkorb benutzte; warf ich daneben, gewann Vorster; traf ich dreimal hintereinander, wurde ich nach Ablauf der ersten Neunzig-Tage-Haft entlassen.

Neunzig Tage. Ich rechnete immer wieder, welches Datum wir hatten, traute meiner Rechnung nicht und rechnete noch einmal von vorn. Täglich sagte ich vor mich hin: »September hat dreißig Tage…« und zählte dann die Tage vom 9. August an, dem Tag meiner Verhaftung. Meinen Wandkalender hatte ich im Gefängnis am Marshall Square zurückgelassen; in Pretoria war mein Kalender hinter dem Revers meines Morgenmantels. Hier machte ich mit Nadel und Faden für jeden Tag einen Stich. Ich stickte sieben senkrechte Stiche und dann einen Querstrich für die Woche. Gelegentlich kontrollierte ich meine Handarbeit und beschloß, daß sie zu unordentlich war und die einzelnen Stiche gerader und exakter sein konnten. Ich zog den Faden heraus und erneuerte den Kalender von Anfang an. Dabei hatte ich das Gefühl, ich triebe die Zeit voran, schaffte Tage, Wochen und sogar Monate. Manchmal gönnte ich mir als Überraschung am Ende eines Tages keinen Stich. Statt dessen wartete ich drei Tage, bis die sensationelle Belohnung in Form von drei Stichen kam – drei Tage, die ich auf einmal von den neunzig abziehen konnte.

Minuten, Stunden, Tage, Wochen sind Zeitmaße fürs normale Leben. Für den Gefangenen in untätiger Isolation vergehen Stunden und Tage zu langsam, um als Zeitmaß akzeptabel zu sein. Ich beschloß vielmehr, die Zeit anders einzuteilen. Es gab die Perioden, in denen ich grübelte, vor und nach den Mahlzeiten, vor und nach dem Schlafen, vor und nach dem Hofgang, vor und nach meinen Verhören.

Ich besaß immer noch meine Uhr. Ich heftete meinen Blick an den kleinen Zeiger und versuchte zuzuschauen, wie die Zeit verging. Wenn ich genau genug hinsah, ohne zu blinzeln, sah ich bestimmt, wie der Minutenzeiger sich bewegte. Wenn ich sehen konnte, wie die Zeit verging, verstrich sie sicher schneller. Ich starrte auf den Zeiger, er bewegte sich, während ich starrte, doch ich sah die Bewegung nicht.

Ich blickte unverwandt aus dem Fenster und versuchte, die Zeit in den Aktivitäten der anderen vergehen zu lassen, doch immerzu war mir bewußt, was ich zu tun versuchte, und ich begriff dabei, daß die Zeit nicht verging, wenn man ihr zuschaute. Wie Sand, der durch das Stundenglas rinnt, wurde der Verlauf der Zeit ein physischer Akt, der durch mein Bewußtsein rann. Es war, als müsse ich selbst Antrieb der Zeit sein, damit sie überhaupt verging, denn ihren eigenen Antrieb hatte sie in meiner Zelle verloren.

Die Zeit verging im Schneckentempo. Doch wenn sie vergangen war, war sie wie aus dem Gedächtnis gestrichen. Wenn ich zurückdachte, konnte ich mich nicht erinnern, wie vorhergehende Tage vorübergegangen waren, wie ich die Wochen am Marshall Square und in Pretoria verbracht hatte. Es gab so wenig, was die Tage voneinander unterschied. Gefühle, Erfahrungen, angehäuft, doch ohne Beziehung zu einzelnen Tagen oder Nächten oder künstlichen Zeiteinteilungen. Die Stiche hinter dem Revers meines Morgenrocks waren Zeugnisse meiner Geduld. Was ich erduldet hatte, wurde anschließend scheinbar vergessen und begraben, wie jede unerfreuliche oder demütigende Erfahrung.

Es war nicht nur das schmerzhafte Dasein im Vakuum. Es war die Unbestimmtheit der Situation, wie die Beamten vom Sicherheitsdienst ständig betonten: »Dies ist die erste Neunzig-Tage-Haftperiode, eine weitere kann ihr folgen, eine dritte ebenfalls.« Ich war davon überzeugt, daß jeder, ich eingeschlossen, sich an jede ihm bekannte Situation anpassen konnte. Unzählige Leute, unter ihnen viele meiner engsten Freunde in Südafrika, stehen ausgedehnte Gefängnisaufenthalte durch und haben keine Anpassungsschwierigkeiten. Doch der Schlüssel zu ihrer Anpassungsfähigkeit liegt darin, daß sie wissen, was sie erwartet. Tödliche Langeweile läßt sich ertragen, wenn ein Ende abzusehen ist. Selbst ein Gefangener, der zu lebenslänglicher Haft verurteilt ist, ist nicht dermaßen verunsichert, weil er weiß, was ihm bevorsteht.

Der Sicherheitsdienst hatte einen Zustand ersonnen, in dem sein Opfer von Unsicherheit, Ängsten und Einsamkeit gequält wurde; jeder Tag, der in akuter Sorge um den Ausgang der Haft und das Ziel der Verhöre verging, raubte dem Gefangenen Ruhe, Urteilsvermögen und Gleichgewicht, die er dringend gebraucht hätte, um der andauernden Isolation und dem wachsenden Druck der Verhöre standzuhalten.

Dennoch, so sagte ich mir, wurde ich nicht mißhandelt, wurden mir keinerlei körperliche Schmerzen zugefügt. Die Zeit, die ich angsterfüllt verbrachte, schmerzte, und mein Magengeschwür registrierte das Unbehagen. Theoretisch konnte man dieses Dasein jahrelang aushalten; ich lebte wie tiefgekühlt, mit reduziertem Puls. Ich war entschlossen, die ersten neunzig Tage durchzustehen, und mich erst dann auf alles weitere einzustellen. Es ging gegen meine Ehre, mich von der verschärften Einsamkeit und diesen Bureninquisitoren unterkriegen zu lassen. Jede Schwäche ihnen gegenüber war Vergeudung der endlosen Tage, die ich durchstand. Ich würde mich an das Zellendasein in Pretoria genauso gewöhnen, wie ich es am Marshall Square geschafft hatte.

Andere waren in der gleichen Situation. Die Zellen um mich herum standen alle leer, doch für jede leere Zelle hier gab es woanders in einem südafrikanischen Gefängnis eine, in der ein Häftling seine neunzig Tage absaß. Alle saßen wir unsere Zeit ab.

Im Verlauf der Tage zog ich mich seltener am Fenster hoch, um das Geschehen im Schwimmbad zu beobachten. Ich gehörte nicht zu denen da draußen; diese Gesellschaft war mir zuwider; mich und meinesgleichen nahm sie nicht wahr. Doch gelegentlich, wenn ich meinen Ausguck bezogen hatte, kam ein Teil meiner Welt in Sicht, und dann befand ich mich in Hochstimmung.

W. stieg aus dem Wagen. Sie trug einen Korb. An diesem Tag bringt sie Y., der eine Meile weiter im Ortsgefängnis von Pretoria saß, immer frische Wäsche und Essen, und aus Gefälligkeit nimmt sie meiner Mutter einen Weg ab und bringt mir auch Essen. Y., sagte W. immer, verachtete Leute, die im Gefängnis saßen und nichts taten. Er hatte einen Bleistiftstummel organisiert und führte Tagebuch, indem er Briefe an W. schrieb, die er auf wunderbare Weise zu ihr hinausschmuggelte.

*

...Über mich hier. Meine Zelle ist ungefähr 3 m mal 2,50 m groß. Es gibt darin einen Tisch und einen harten Holzhocker ohne Lehne. In einer Ecke befindet sich ein Podest, auf dem der Toiletteneimer thront. Mehr gibt es nicht. Die Zelle hat ein quadratisches Fenster in einer Höhe von etwa 2 bis 2,50 m, das Glas ist mit Maschendraht überzogen und von einer Schmutzschicht bedeckt, so daß man nach draußen wie durch eine Sonnenbrille sieht. Durch das Fenster kann ich den Himmel sehen und gerade noch die Spitze des Backsteingiebels vom Gefängniskrankenhaus. Die Decke und die Filzmatte, auf der wir schlafen, müssen von sechs Uhr morgens bis zum Abendessen zusammengerollt vor dem Tisch liegen. Kleidung, Nahrungsmittel und Toilettenartikel liegen entweder ordentlich auf dem Tisch oder werden in Papiertragetüten aufbewahrt. Aus irgendeinem obskuren Grund, den nur die Beamten kennen, sind weder Koffer noch Taschen erlaubt, nur Papiertragetüten oder Kartons ohne Deckel. Zur Abendessenszeit müssen die Schuhe vor die Tür gestellt werden – eine ebenfalls unsinnige Vorschrift – und bis zum Frühstück dort bleiben. Die Lampe ist mit einem Drahtnetz verkleidet und in die Wand eingelassen; der Lichtkegel fällt fast waagerecht in die Zelle und läßt alles, was tiefer als 1,20 m ist, im Schatten.

Ich empfinde die Nächte schlimmer als die Tage. Um acht Uhr wird das Licht ausgeschaltet. Ich suche nach Methoden, bis halb neun wach zu bleiben. Doch ich schlafe ein und wache morgens zu früh auf, verbringe die Zeit vom Morgengrauen bis halb sechs, indem ich mich unter grauenhaften Alpträumen im Bett wälze. Das ist so schrecklich, daß ich gern aufstehen und in der Zelle umhergehen würde. Aber keine Schuhe! Ich bleibe also liegen und leide. Ich erinnere mich an meine Kindheitserlebnisse, nicht als Ganzes, ich versuche vielmehr den Grund zu finden, warum ein Mann bereit ist, sich zweimal in sieben Jahren des Hochverrats anklagen zu lassen.

Ich gehe in der Zelle auf und ab, etwa zwei Stunden lang, und denke an all die zeitaufwendigen, mühseligen, simplen Beschäftigungen, die ich zu irgendeinem Zeitpunkt meines Lebens erledigt oder bei denen ich zugeschaut habe, und erfinde neue Methoden, sie zu tun. Einige dieser Methoden sind ausgesprochen gut; vielleicht bringen sie später einmal bares Geld. Unglaublich, wie erfinderisch man wird, wenn man derma-

ßen reichlich Zeit hat, seine Phantasie ohne jegliche Anregung und ohne irgendwelche Ablenkung walten zu lassen.

Ich habe Buch geführt und festgestellt, daß ich im Durchschnitt achtzehn Worte täglich spreche. Dreimal bei den Mahlzeiten: »Vielen Dank«, zweimal beim Hofgang: »Kann ich bitte ein Streichholz haben?« Ich übe meine Stimme, indem ich allabendlich singe, wobei ich ausnutze, daß meine Zuhörer, B., H. und die zwei Wärter, von meinen Darbietungskünsten geradezu gefesselt sind; und die beachtliche Badezimmerakustik der Zelle macht Tonlagen von basso profondo bis mezzosoprano möglich! Was natürlich auch hilft, ist die Tatsache, daß ich in den ersten zwei Monaten meinen Zigarettenkonsum auf zwei pro Tag reduziert habe und im dritten Monat ganz aufgeben will. Nur so, um sicherzustellen, daß ich weder süchtig noch neurotisch in diesem Umfeld werde, das geradezu geschaffen ist, Neurosen hervorzurufen. Der Hofgang findet in einem trostlosen Hof statt, dessen Boden mit Schiefer gepflastert ist. An drei Seiten ist er von Zellen umgeben, in der Mitte befinden sich offene Duschen, WCs, ein Wasserhahn. Wir dürfen nicht reden. Wir gehen wortlos auf und ab, wirklich ganz schön scheußlich.

Auf einer Seite ist es sonnig, also bewegen wir uns auf dem schmalen Sonnenstreifen. Als wir anfänglich hier waren, mußten wir uns dicht an die Wand drücken, um ein bißchen Sonne abzubekommen. Seit der Durchsuchung, die dadurch verursacht wurde, daß man eine Nachricht von mir in …'s Bibel (Dummkopf) entdeckt hat, herrscht höchste Wachsamkeitsstufe, und selbst beim Hofgang nur vor sich hinzumurmeln ist äußerst schwierig.

Wenn du die Durchsuchungen nur miterleben könntest! Sie tun ungeheuer wichtig, als fahnde der F.B.I. nach atomaren Staatsgeheimnissen. Teils weil sie wissen, daß irgendwer einen Bleistift hat, sie haben B. oder mich dabei in Verdacht; teils weil die ganze Geschichte eine persönliche Auseinandersetzung geworden ist: der Wärter findet wohl, seine Ehre steht auf dem Spiel, wenn es ihm nicht gelingt, den Stift ausfindig zu machen.

Ich darf nicht daran denken, welche Qualen die Kinder in der Schule ausstehen müssen. Andere Kinder sind manchmal wahre Ungeheuer, wenn sie etwas nicht verstehen…

Ich bin immer noch ziemlich nervös, doch es geht mir besser als zwischen dem sechzigsten und siebzigsten Tag, als ich allen Ernstes glaubte, ich würde die Haft nicht durchstehen. Noch vor zehn Tagen habe ich morgens beim Frühstück dermaßen zusammengefallen und angeschlagen auf meinem Hocker gesessen, daß es meiner sämtlichen Kraft bedurfte, aufzustehen und den Tag zu beginnen. Ich fühle mich nun besser, nicht mehr so angespannt... Doch ich schlafe weniger, wache früher auf und gehe häufiger in der Zelle auf und ab. Meistens bin ich schon eine halbe Stunde auf den Beinen, bevor es um 5.30 Uhr läutet und das Licht angeht. Und heute bin ich, zum Beispiel, fast den ganzen Tag auf- und abgegangen, außer während ich schrieb. Aber ich bin relativ langsam gegangen, hatte mich im Griff, es war nicht das wahnsinnige, immer schneller werdende Auf und Ab meiner schlimmsten Tage... Ich weiß, ich bin mit meinen Nerven ziemlich am Ende. Am schlimmsten geht es mir vor dem Frühstück und ein paar Stunden danach – im Laufe des Tages wird es dann besser. Die Aussichten sind wirklich trübe – es sei denn, ich würde vor Gericht gestellt, was ich hoffe. Wenn ich Leute hätte, mit denen ich reden könnte!

Die Aussicht auf weitere neunzig Tage erfüllt mich mit einer grauenhaften Depression und solcher Angst, ich darf gar nicht daran denken.

Ich bin innerlich sehr verwirrt, ohne besonderen Grund, ich fühle mich uralt und zum Umpusten schwach...

Es ist die Hölle, nicht nur die Einsamkeit und die Abgeschiedenheit, dabei die Langeweile, sondern die teuflischen neurotischen Ängste, Befürchtungen und Spannungen, die sich aufbauen können, wenn man mit sich selbst allein ist und einen nichts bewegt als die eigenen Sorgen. Du kannst dir nicht vorstellen, was dann aus dir wird. Du bist nicht mehr nur der Mittelpunkt deiner Welt, du bist die Welt selbst, dein eigenes Schicksal, deine eigene Zukunft. Nichts, was du tust oder sagst, berührt auf irgendeine Weise ein anderes Leben, wenigstens scheint es so.

Der wenige Mut, den ich besitze, wird in der Einsamkeit ausgehöhlt, wenn mir niemand nah ist und mich unterstützt.

Nichts quält mich mehr als die Furcht, dir könne etwas zustoßen oder du würdest in diesen Alptraum hineingezogen. Diese

Vorstellung peinigt mich beinah bis zur Besinnungslosigkeit. An Tagen, wenn ich dich erwarte, altere ich stündlich um Jahre. Ich rede mir zu, daß es Wahnsinn ist, was es ja auch ist, doch die Vernunft hilft bei unvernünftigen Ängsten nicht. Ich bin kein besonders tapferer Mann, und ich halte die eingebildeten Ängste schlechter aus als die tatsächlichen Bedrohungen.

Dieses Dasein hinterläßt Spuren. Ich stelle bei vielen technischen Fragestellungen, bei meinen Phantasieerfindungen fest, daß mein Kopf dermaßen leer ist: Er scheint mit magischer Klarheit zu funktionieren. (Ist das bereits ein Anzeichen von Wahnsinn?) Doch bei Fragen, die mein Urteilsvermögen und emotionale Ausgeglichenheit verlangen, habe ich mich nicht mehr im Griff. Ich traue meinem Urteil, das sich dermaßen von meinem logischen Denken unterscheidet, nicht mehr über den Weg ...

Weiß Esmé, daß Dennis in Ketten ist? Beide Beine sind an den Knöcheln mit einer langen Kette verbunden, Tag und Nacht, die übliche Strafe für Ausbrecher. An dem Abend, als er hierher zurückgebracht wurde, habe ich beinah geweint. Es ist wirklich das Traurigste, was ich je gesehen habe, das Allertraurigste ...

Esmé wußte, daß sie Dennis in Ketten gelegt hatten. S. hatte Hilda besucht. »Ich habe Dennis' Wäsche gewaschen«, sagte sie. (Esmé war tausend Meilen entfernt mit den beiden Goldberg-Kindern in Kapstadt und versuchte den Lebensunterhalt für die Familie zu verdienen, für die Zeit des langwierigen Gerichtsverfahrens, wenn die Rivonia-Männer aus der Einzelhaft geholt und angeklagt würden.) »Die Kleidungsstücke, die ich gestern abholte, waren zerrissen und blutbefleckt ... Ich mache mir entsetzliche Sorgen. Was meinst du, was Dennis zugestoßen ist?« Die beiden Frauen untersuchten die Kleidungsstücke. Die Hose hatte Blutflecke, und die Jacke hatte im Rücken zwei große Risse. Die Frauen dachten, daß es sicher Polizeihunde waren, die den Stoff zerrissen hatten. (Erst später erfuhren sie, daß Dennis sich die Löcher in die Jacke gerissen hatte, als er bei seinem Ausbruchsversuch Gesicht und Hals vor den Glassplittern auf der 4,5 m hohen Gefängnismauer schützen wollte, über die er klettern mußte). Dennis, *das wußten die Frauen, war nicht mehr in Pretoria. Er war ins Vereeniging-Gefängnis verlegt worden, und die Besorgnis der Frauen wuchs, als sie feststellten, daß die Pakete mit Lebensmitteln, die sie in der Zentrale für ihn abgaben, dort tagelang unberührt lagen. Es gab nur eins: Esmé mußte in den Norden zurückkommen und vom Sicherheitsdienst Nachrichten über ihren Mann fordern. Oberst Klindt zeigte sich wortkarg und desinteressiert, bis Esmé ihm die zerrissenen, blutbefleckten Kleidungsstücke vorhielt. Da informierte er Esmé über den Ausbruchsversuch, den Dennis unternommen hatte; er hatte versucht, eine extrem hohe Mauer zu überklettern, und dabei das Pech gehabt, kurz bevor er es geschafft hatte, gefaßt zu werden. Esmé bekam die Erlaubnis, Dennis zu besuchen. Sie fand ihn in Ketten, doch er war guter Dinge. Er fragte nach den Kindern und machte Esmé Mut. Am Ende des Gesprächs sagte er: »Oh, Esmé, du brauchst mir keine Pyjamahosen zu schicken. Sie passen nicht über die Ketten.«*

Einen Monat später wurde Esmé selbst aufgrund des Neunzig-Tage-Haft-Gesetzes verhaftet. An jenem Tag kam Swanepoel zu Dennis, um ihn zum Reden zu bringen. »Sagen Sie uns alles, was Sie wissen«, forderte er, »oder wir verhaften Esmé.«

Die Männer, die in Rivonia verhaftet worden waren, wurden am 9. Oktober aus ihren Einzelzellen geholt und vor Gericht gestellt. Die Anklage lautete auf Sabotage und Versuch des bewaffneten Aufstands gegen die Regierung Südafrikas. Sisulu, Mbeki, Mhlaba, Kathrada, ›Rusty‹ Bernstein, Dennis Goldberg stellten zu ihrer Überraschung fest, daß Nelson Mandela mit ihnen auf der Anklagebank saß. Mandela war zu fünf Jahren Gefängnis verurteilt, weil er den Streik im März 1961 organisiert und das Land verlassen hatte, um in Addis Abeba auf dem P.A.F.M.E.C.S.A.*-Kongreß zu sprechen; ungeachtet dessen hatte der Sicherheitsdienst ihn in Neunzig-Tage-Haft genommen, hatte so seine Haftbedingungen vor dem neuen Verfahren zusätzlich erschwert. Auch auf der Anklagebank saß der immer gutgelaunte, kleine rund-

---

* Pan African Freedom Movement of East Central and Southern Africa.

liche Elias Motsoaeledi und der große, schweigsame Andrew Mlangeni, beide kamen sie direkt aus der Neunzig-Tage-Einzelhaft.

＊

Ich wußte von diesen Ereignissen nichts. Es brachte mich jedoch aus der Fassung, als am Montag, dem 7. Oktober, bei den frischgewaschenen Blusen und langen Hosen, dem Thermosbehälter mit Suppe mein elegantes marineblaues Kostüm mit rotem Seidenfutter lag. Meine Mutter hatte es für nötig gehalten, mich so darauf vorzubreiten, daß mein Prozeß womöglich vor der Tür stand; sie rüstete mich für meinen Wiedereintritt in die Welt aus. Doch nichts geschah. Die nächsten Tage vergingen in gähnender Leere.

Seit ich nach Pretoria verlegt worden war, erschien regelmäßig Sicherheitsoffizier Nel. Im Durchschnitt kam er einmal pro Woche; manchmal vergingen auch acht bis neun Tage bis zum nächsten Besuch. Ob ich mit ihm redete oder nicht, Nel gab sich immer gelangweilt und teilnahmslos. Manchmal entartete sein Besuch zu einem kurzen, nichtssagend formellen Frage- und Antwortspiel: »Sind Sie bereit, auf Fragen zu antworten oder eine Erklärung abzugeben?« »Nein, das bin ich nicht.«

Nach der Ankunft meines blauen Kostüms vergingen einige Tage, bis Nel mich eines Morgens aus meiner Zelle in das Büro der Vorsteherin bringen ließ und sein Gespräch mit den Worten eröffnete: »Nun, Mrs. Slovo, man hat doch keine Anklage gegen Sie erhoben. Jetzt können Sie reden.« Ich stellte mich ahnungslos. »Anklage weswegen?« fragte ich. »Tun Sie nicht so …«, sagte er, »Sie haben doch selbst befürchtet, Sie würden im Rivonia-Prozeß mitangeklagt.«

Das *war* die schlimmste Befürchtung gewesen, die ich hatte. Für den Rest des Tages atmete ich erleichtert durch. Ich wußte zwar immer noch nicht, was mir bevorstand, doch eine Hürde war genommen.

Ich empfand nun, daß ich Verhandlungsspielraum besaß, und begann Nel zu bearbeiten, damit ich nach Johannesburg zurückverlegt würde. Ich zweifelte nicht daran, daß ich zur Haftverschärfung nach Pretoria verlegt worden war, andererseits geschah diese Verlegung auch aus der Erwägung, daß ich am Ort wäre, wenn ich im Rivonia-Prozeß in Pretoria vor Gericht gestellt würde. Jetzt brauchten Gerichtssaal und Zelle nicht mehr an einem Ort zu sein, und die tödliche Stille in Pretoria zehrte an meinen Nerven. Ich vermißte tatsächlich das laute Treiben der Polizeiwache am Marshall Square. Ich erklärte Nel, mein Magengeschwür habe sich verschlimmert und die unregelmäßigen Lebensmittellieferungen von außerhalb machten die Sache nicht einfacher. Meine überforderte Mutter hatte eine Anfahrt von vierundfünfzig Kilometern, wenn sie mir ein Päckchen zukommen lassen wollte. Ich forderte Nel auf, Oberst Klindt meinem Wunsch zu übermitteln. Er sagte es mir zu, doch ich traute ihm nicht und bat um Papier und Schreibzeug, das er mir erstaunlicherweise gewährte, und formulierte einen Brief an den Oberst, in dem ich meine Rückverlegung nach Johannesburg beantragte.

Oberst Au'camp erfuhr von dieser Forderung und fand sie komisch. Man stelle sich vor, eine Gefangene versuchte ihre eigene Verlegung in die Wege zu leiten; wer einmal im Gefängnis saß, hatte gefälligst dort zu bleiben, wo er untergebracht worden war: »Eine Verlegung ist allein ›unsere‹ Angelegenheit«, erklärte er. Er und ich führten einen privaten Kleinkrieg. Ich hatte darum gebeten, mir von meinem konfiszierten Geld in der Kantine eine Büchse Trockenmilch Marke Klim zu besorgen, weil ich mir in meiner Zelle abends eine Tasse Milchkaffee kochen wollte. Der Oberst weigerte sich, zu dieser Anschaffung seine Zustimmung zu geben. Als ich nach dem Grund fragte, hielt er mir die ›Bestimmungen‹ vor. Bei unserem nächsten Treffen forderte ich ihn auf, mir zu zeigen, wo diese ›Bestimmungen‹ geschrieben stünden. Er gab mir darauf keine Antwort. Eines Morgens verhörte mich Nel im Büro der Vorsteherin, als der Oberst eintrat. Ich unterbrach Nel und bat den Oberst noch einmal um die Erlaubnis, eine Büchse Klim zu kaufen, und als er sich wieder weigerte, verlangte ich eine Erklärung. »Sicherheit«, sagte er. »Wissen Sie, was Klim ist?« fragte ich. »Ja«, sagte er, »Milchpulver, Babynahrung.« Ich wies Nel darauf hin, daß Babynahrung die Sicherheit nicht gefährden könne, und er erklärte dem Oberst darauf in meinem Beisein, daß er nichts gegen den Kauf hätte. Doch der Oberst blieb ungerührt. Kein Klim.

Nel sprach ein gestelztes, unbeholfenes Englisch. Meist hielt er sich strikt an den Zweck seines Besuchs, vergaß selten seinen Auftrag. Ein–, zweimal jedoch wich er vom Thema ab.

Die Homelands würden im Laufe der Zeit funktionieren, argumentierte er, und ich widersprach ihm vehement und wollte wissen, ob der Zweck meiner Verhöre sei, mich dazu zu bringen, die Ideologie der Nationalisten zu akzeptieren. Einmal warf ich ihm die Verhaftung meines Bruders Ronnie vor. Nel hatte behauptet, die Regierung gebrauche die Vollmacht der Neunzig-Tage-Haft mit unfehlbarer Kenntnis derjenigen, die eine Gefahr für die Sicherheit des Staates darstellten. »Niemand konnte meinen Bruder eine Gefahr für den Staat nennen«, sage ich aufgebracht. »Die einzige Vereinigung, der er jemals angehört hat, war der Golfclub von Johannesburg.« »Wir verhaften keine Unschuldigen«, lautete die Antwort. »Wir wissen, was wir tun. Wir machen uns von jedem, den wir verhaften, zuvor ein exaktes Bild.« »Im Gegenteil«, spottete ich, »Sie verhaften zuerst, das Bild kommt später.«

(Tatsächlich wurde mein Bruder nach dreiwöchiger Haft entlassen.)

Nel in seiner kühl kalkulierenden Art gefiel sich in der Rolle des Befragers. Er überwachte die Haftbedingungen sachlich und gewissenhaft. Als ich dagegen protestierte, daß ich nichts zu lesen hätte, sagte er: »Wenn Sie lesen dürften, würden Sie nicht über meine Fragen nachdenken, Mrs. Slovo.«

Als ich mich über meine fortdauernde Gefangenschaft beschwerte, gab er die Ansicht des Sicherheitsdienstes zum besten: »Wir halten Sie hier nicht fest, Sie selbst haben sich in diese Situation gebracht. Der Schlüssel zu Ihrer Freilassung liegt in Ihrer Hand. Beantworten Sie unsere Fragen, erzählen Sie uns, was wir wissen möchten, und Sie öffnen sich Tür und Tor. Geben Sie eine Erklärung ab, und Sie sind im Handumdrehen wieder bei Ihren Kindern.«

In Pretoria bekamen die Kinder keine Besuchserlaubnis. Eines Morgens erschien Nel und eröffnete das Gespräch mit dem Satz: »Ich entnehme der Sonntagszeitung, daß Ihre Kinder ins Ausland gebracht werden.« Wie er gehofft hatte, war ich sogleich in heller Aufregung. Wann, fragte ich, wann würden sie verreisen? Er wußte lediglich, daß in der Zeitung etwas von einer bevorstehenden Reise gestanden hatte. »Vorher muß ich sie sehen«, sagte ich. »Dürfen sie mich besuchen?« »Warum wollen Sie sie sehen?« fragte er. »Sie sind doch schon zu Besuch gekommen.« Ich holte tief Luft. »Sie«, sagte ich, »sind ein eiskalter, feiger Fisch von einem Mann.« »Wieso nennen Sie mich einen Fisch?« fragte er verdattert.

Ich war mir nicht bewußt gewesen, daß das Leben in Abgeschiedenheit in mir ein tiefes Bedürfnis nach Gesprächen, Gesprächen selbst mit einem Sicherheitsbeamten, geweckt hatte. Und eines Tages stellte ich konsterniert fest, daß seine Frage »Was haben Sie in Südwestafrika gemacht« mich zu einer Reihe unzusammenhängender Anekdoten und Scherze verleitete. Ich erzählte angeregt, und er hörte aufmerksam zu, bis ich plötzlich abbrach: »Aber das wissen Sie ja alles. Sie wissen doch genau, wo ich mich aufgehalten und was ich unternommen habe ... Sie haben mich schließlich die ganze Zeit observieren lassen.« Woher ich wußte, daß man mich observiert habe, wollte er wissen. Ich hatte die Männer vom Sicherheitsdienst erkannt, erklärte ich. Ob ich mich nicht geirrt hätte? Wenn ich ihm auf der Straße begegnete, würde ich dann gleich erkennen, daß er vom Sicherheitsdienst sei? »Ja, natürlich«, sagte ich überzeugt, und er schien verunsichert.

Als die Vorsteherin eines Vormittags während des Verhörs Nel durchs offene Fenster eine Tasse Tee reichte, hielten die beiden ein freundliches Schwätzchen. Ich hörte nicht zu, hörte lediglich den letzten Satz der Vorsteherin: »*Ag, nee, Meneer is nog'n klein seuntjie.*« (Ach, nein, mein Herr, dazu sind Sie noch zu jung.)

In dem Glauben, ich hätte gelauscht, drehte er sich hastig zu mir.

»Sie denken auch, ich bin ein kleiner Junge, nicht wahr, Mrs. Slovo?«

»Ich denke über Sie nicht nach«, log ich.

»Würden Sie lieber von jemand anderem verhört?«

»Es ist mir, ehrlich gesagt, egal«, erklärte ich, doch ich dachte: Jeder wäre mir lieber als dieser farblose, passive Mann.

Die Beziehungen zwischen uns blieben unausgesprochen feindselig, nur noch einmal ließ ich mich zu einem Ausbruch über seine Teilnahmslosigkeit hinreißen. Er wollte wissen, bei welchen geheimen Treffen ich anwesend war, wer außer mir dort war, von wem das Geld für den ANC kam, wer es verwaltete, wo es verwaltet wurde, wie der ANC strukturiert war, wer die Befehle erteilte, welche Pläne es für die Zukunft gab. Ich war Journalistin, sagte ich. Alles, was ich wußte, hatte ich in unseren Zeitschriften veröffentlicht; er solle es in den Akten nachlesen. Geben Sie eine Erklärung ab, drängte er. Was war mit dem Geld? Ich wußte nicht, was mit dem Geld war, antwortete ich. »Wenn man Ihnen nichts über das Geld erzählt hat, hat man Ihnen nicht vertraut«, sagte Nel. »Mir Geld anvertraut? Nein, bestimmt nicht. Ich bin eine notorische Verschwenderin«, sagte ich leichthin.

Einmal teilte er mir mit, er fände, daß ich mein Leben vergeudet hätte. Ich hätte soviel tun können. Da bin ich anderer Meinung, erklärte ich ihm, ich würde jederzeit alles noch einmal genauso wiederholen.

Ich wurde eines Morgens aus meiner Zelle geholt, und nicht Nel war es, der mich erwartete, sondern meine Mutter. Die Zentrale hatte ihr eine Besuchserlaubnis erteilt, um mit mir Geschäftliches und Familiäres zu besprechen. Der Sicherheitsbeamte, der bei diesem Gespräch anwesend war, gehörte zum Sicherheitsdienst in Pretoria, er wußte nichts von mir und zeigte sich wenig interessiert. Ich fragte meine Mutter, ob sie vorhabe, die Kinder außer Landes zu bringen. Sie habe nichts dergleichen geplant, sagte sie, und von einer Zeitungsmeldung solchen Inhalts wußte sie nichts. Sie wußte aber etwas anderes. Oberst Klindt hatte Urlaub, doch sein Stellvertreter, Oberst Venter, hatte ihr mitgeteilt, daß ich am Ende der neunzig Tage vor Gericht gestellt würde. Ich mußte mich zwingen, nachzufragen: »Welche Anklage?« Vermutlich wegen des Besitzes illegaler Schriften, und wieder war ich unendlich erleichtert. Doch wenn das ihre Absicht war, warum hielten sie mich dann bis zum Ende der neunzig Tage fest? Meine Mutter erzählte, die gleiche Frage habe sie Oberst Venter auch gestellt, doch er habe ihren Einwand übergangen. Unser Gespräch verlief in guter Stimmung, meine Mutter konnte berichten, daß mein Bruder wieder frei und mein Vater außer Landes in Sicherheit sei.

Ich hatte noch sieben Tage vor mir, bis die neunzig Tage abgelaufen waren. In jener Woche redete ich mir in meinen Selbstgesprächen immer wieder zu: »Komm, nimm dich zusammen. Die letzten Tage werden sich entsetzlich in die Länge ziehen. Bleib ganz ruhig. Versuche die Zeit zu überstehen, es dauert jetzt nicht mehr lange … Was auch geschieht, die ersten neunzig Tage hast du geschafft. Mach dir keine zu großen Hoffnungen. Sei auf eine Enttäuschung gefaßt. Es kann gut sein, daß sie dich nicht entlassen.«

Sechs Tage vor Ablauf der neunzig Tage spazierte ich während des Hofgangs zwischen den Wäscheleinen, als die stellvertretende Vorsteherin das Hoftor öffnete, mich zu sich rief und mir befahl, meine Sachen zu packen, weil ich fortgebracht würde. Es war sinnlos, irgendwelche Fragen zu stellen; sie kannte die Antworten auch nicht, und hätte sie sie gekannt, sie hätte sie mir bestimmt nicht mitgeteilt.

Beim Kofferpacken schlug mir das Herz bis zum Hals. Zwanzig Minuten später brachten mich zwei Aufseherinnen zum Büro der Vorsteherin. Dort warteten der Oberst und zwei Männer, die ich nicht kannte. Das Gesicht des einen war voller Aknenarben, der andere hatte einen unsymmetrischen Kopf und schütteres hellbraunes Haar. Ich gab mich forsch und gutgelaunt. »Wohin fahren wir?« fragte ich. »Nach Johannesburg«, lautete die Antwort. »Aber wohin in Johannesburg?« fragte ich weiter. »Johannesburg ist groß. Fahre ich nach Hause?« Der hellhaarige Beamte antwortete: »Tut mir leid. Diesmal geht es noch nicht nach Hause«, sagte er.

Als wir hinausgingen, erinnerte mich der Oberst an meinen Kampf um die Büchse Klim. »O ja«, sagte ich, »eigentlich wollten Sie mir die Gefängnisbestimmungen bringen. Aber wahrscheinlich gibt es die gar nicht.« »Die Bestimmungen bin *ich*«, antwortete er und winkte zum Abschied mit seinem Stock.

Die Beamten trugen meinen Koffer und das übrige Gepäck, das bei meiner Einlieferung ins Zentralgefängnis von Pretoria konfisziert worden war, und führten mich zu ihrem Wagen. Beim Einsteigen erkannte ich mit einem Blick, daß auf dem Beifahrersitz eine umfangreiche Anklageschrift lag: »*Der Staat vs. Generalstab.*« Die beiden Männer hatten von einer Anklage nichts gesagt, und ich sagte auch nichts und hielt meine Blicke von diesem Schriftstück fern. Wenn man vorhatte, gegen mich Anklage zu erheben, wollte ich ihnen den

Spaß nicht verderben, mich sechsunddreißig Meilen lang auf die Folter zu spannen, bis wir in Johannesburg ankamen. Wenn nicht, genügte allein dieses Schriftstück auf dem Vordersitz, um mich in höchste Anspannung zu versetzen. Van der Merwe, der Sicherheitsbeamte mit dem Narbengesicht, setzte sich ans Steuer, und J.J. Viktor (die beiden J.s standen für Johannes Jacobus) nahm so auf dem Beifahrersitz Platz, daß er mich während der Fahrt nach Johannesburg beobachten konnte.

Viertes Kapitel

Verstärkter Druck

Van der Merwe sprach wenig während der Fahrt nach Johannesburg. Er fuhr in einer halben Meile Entfernung an meinem Haus vorbei, doch vielleicht war das ein Zufall. Ansonsten schienen die Beamten gut über mich Bescheid zu wissen.

»Wie geht es Joe?« fragte Viktor.

»Warum nennen Sie ihn beim Vornamen?« fragte ich gereizt.

»Wir kennen uns gut, hat er Ihnen das nie erzählt?« Viktor berichtete, wie Joe einmal vor Gericht mehrere Prostituierte verteidigt hatte und während des Verfahrens offenbar wurde, daß die Polizei ihr Beweismaterial auf Bitten und mit *finanzieller Unterstützung* einer rivalisierenden Gruppe Prostituierter gesammelt hatte. Phyllis Peake, Besitzerin des bekanntesten Bordells in Johannesburg, hatte versucht, die wachsende Konkurrenz aus dem Felde zu schlagen; sie nutzte ihre guten Beziehungen zur Polizei, um eine Razzia zu inszenieren, bei der die Damen der Konkurrenz mit Polizisten in Zivil (besser gesagt, im Adamskostüm) bei der Ausübung des Gewerbes von uniformierten Gesetzeshütern überrascht wurden. Joe brachte die Geschichte vor Gericht ans Tageslicht, und die Stadt entrüstete sich über die Methoden, mit denen die Polizei die Geschäfte der Phyllis Peake schützte. Phyllis Peakes Damen waren bei der Verhandlung zugegen, die anstößige Geschichte wurde in ihrem Beisein aufgerollt. Doch als die Verhandlung geschlossen wurde, griffen sie Regenschirme und Stöckelschuhe und stürmten – so bewaffnet – die Flure des Gerichts entlang hinter Joe her. Er sah die aufgebrachten Frauen auf sich zukommen und wußte nicht, was tun, als sich hinter ihm die Tür öffnete und ein Beamter ihn am Arm griff, »Hierher, Slovo« sagte und ihn über einen Notausgang aus dem Gerichtsgebäude führte.

Ich hatte vergessen, wer dieser Retter in der Not damals war. Viktor nahm diese Ehre für sich in Anspruch und brüstete sich mit der Episode.

Auch Van der Merwe erwies sich als alter Bekannter. Er behauptete, den Grundriß unseres Hauses zu kennen; er erinnerte sich, daß wir im Dezember 1957 verreist waren. Damals gehörte er zur Verbrechensermittlung der Polizeiwache in Linden, und der Diebstahl unserer Wäsche aus dem kleinen Trockenschuppen hinter unserem Haus fiel in sein Ressort.

Viktor erklärte, weder er noch Van der Merwe gehörten dem Sicherheitsdienst an. Sie waren der Wache am Marshall Square zugeteilt worden und halfen nur aus. Viktor gehörte eigentlich dem Betrugsdezernat an, Van der Merwe dem Morddezernat. Sie freuten sich, bald wieder ihre alten Posten einzunehmen.

Wir unterhielten uns auf dem Rückweg, anders als auf der Hinfahrt nach Pretoria, als Nel und Van Rensburg mich nach anfänglichen spärlichen Bemerkungen behandelten, als sei ich Luft. Doch Viktor und ich begegneten einander mit offener Feindseligkeit. Er versuchte mich zu provozieren; ich stichelte. Was mir ein Vergnügen war.

Als wir am südafrikanischen Luftwaffen-Denkmal vorüberfuhren, diesem hoch in den Himmel ragenden zackigen Betonflügel, fragte Viktor mich, ob mir jemals in den Sinn gekommen sei, wie nützlich dieses Gebilde sein könne.

»Nützlich wozu?«

»Von da oben kann man das ganze Militärgelände überblikken.«

»Oh, wie kann man nur so dumm sein!« konterte ich.

Ich ließ eine flammende Rede über den Sadismus der Isolationshaft im allgemeinen und des Leseverbots im besonderen vom Stapel.

»Was würden Sie lesen, wenn Sie die Erlaubnis hätten?« fragte Viktor. »Ist die Bibel für Sie nicht gut genug?«

Irgendwie kam das Thema ›Brandy‹ ins Gespräch. Viktor notierte auf seiner Zigarettenschachtel die Marke, die ich empfahl. Inzwischen hatte ich begriffen, daß wir zum Marshall Square fuhren, und der Gedanke an das Gefängnis, das ich schon kannte, egal wie unerfreulich die Zellen eigentlich waren, tröstete mich unendlich. Im Büro der Wache, wo meine Personalien aufgenommen wurden, erkannte ich einen Sergeanten wieder. Da verlor ich die Fassung und weinte.

»Endlich zu Hause!«

»Zu Hause?« fragte Viktor stirnrunzelnd.

»Ja«, sagte ich munter. »Und wenn Sie mich wieder besuchen, bringen Sie den Brandy mit.«

Der Zellenwärter, der mich in die Frauenabteilung brachte, ließ mich meine Zelle selbst aussuchen. Woraus ich schloß, daß Hazel entlassen worden und ich die einzige weiße Frau in Neunzig-Tage-Haft war. Ich konnte wieder in meine alte Zelle einziehen, die an die Marshall Street grenzte, oder in die abgelegene, die an dem winzigen Hof gelegen war, der zur Frauenabteilung gehörte … »Nehmen Sie die«, drängte der Wärter. »Sie bringt Glück; Mrs. Goldreich hat sie bewohnt und ist entlassen worden.«

Ich fand den Wärter optimistischer als mich, doch ich folgte seinem Rat. Ich packte aus und richtete mich ein. Die Zelle war größer als die vorherige, war auch nicht so schmutzig und laut. Der Tag meiner Ankunft verging wie im Fluge. Ich lag da und dachte an Hazel, und wie aufregend es war, daß man sie entlassen hatte; es war schon einen Monat her, doch ich erfuhr erst jetzt davon. Die Marshall-Square-Routine kam wieder ins Rollen, und als der Schichtwechsel und die Inspektion stattfanden und die Zellentür sich öffnete, grüßten mich vertraute, tröstliche Gesichter.

In jener Woche war anscheinend wenig Betrieb, und ich war die einzige Insassin, nicht nur in Einzelhaft, sondern im Frauengefängnis insgesamt. Ich konnte mir beim Waschen am nächsten Morgen viel Zeit lassen, verbrauchte den Eimer heißes Wasser und benutzte die Dusche. Und was am aufregendsten war, ich schlich in meine ehemalige, nun leerstehende Zelle, kletterte aufs Bett und reckte meinen Hals, um die Tagesnachrichten am Laternenpfahl zu studieren.

Wie zur Begrüßung hatte der Zeitungsverkäufer sein Plakat genau in meine Richtung aufgehängt. Die Worte waren kurz und knapp, unmißverständlich. Doch was beinhaltete dieser Satz?

TOTER
MANN
GEBANNT

*

Er hieß Looksmart Solwandle Ngudle. Looksmart (smart = schlau), weil er so aussah, pfiffig, findig, optimistisch. Ngudle war sein Familienname. Solwandle der Name der Familie, bei der er großgeworden war. Er war in Kapstadt eine der treibenden Kräfte des ANC, ein Organisator, der sich so leicht nicht unterkriegen ließ, dessen waren sich seine Freunde gewiß.

Das Neunzig-Tage-Haft-Gesetz wurde im Mai in Kraft gesetzt. Am 19. August wurde Looksmart verhaftet. Am 5. September, sechzehn Tage später, wurde er in seiner Zelle tot aufgefunden. Eine kurze diesbezügliche Nachricht erschien in der Tagespresse.

Looksmart war der älteste Sohn der sechzigjährigen Mrs. Maria Ngudle. Sie wohnte in Middledrift in der Transkei. Am 15. September suchte sie ein Polizist auf. »Sie wissen«, sagte er, »daß Ihr Sohn verhaftet wurde.« (Sie wußte es nicht, erfuhr so zum erstenmal, daß Looksmart im Gefängnis saß.) »Wir haben den Auftrag, Ihnen mitzuteilen, daß er in Pretoria gestorben ist.« Mrs. Ngudle wollte den afrikanischen Rechtsanwalt in Middledrift um Rechtsbeistand bitten, doch auch er saß in Neunzig-Tage-Haft. Also suchte sie den Rechtsanwalt in Alice auf. Fünf Tage später, am 20. September, wurde sie nach Pretoria vorgeladen. Sie machte sich sofort auf den Weg und kam Sonntag morgens in der Hauptstadt an.

»Ich habe mich allein durchgefragt«, sagte sie. »Die Leute zeigten mir den Weg zum Gefängnis. Dem afrikanischen Polizisten sagte ich: Ich komme zu Looksmarts Beerdigung. Der Polizist schrieb meinen Namen auf. Er fragte mich, ob Looksmart zum Tode verurteilt worden sei. Ich antwortete, das wüßte ich nicht, ich wüßte nur, er sei verhaftet worden. Der Polizist ging fort, um sich zu erkundigen. Dann kam er zurück. ›Er ist schon beerdigt worden, Tote können wir nicht lange hierbehalten. Können wir Ihnen sonst helfen?‹ Ich sagte: ›Ich will seine Kleider.‹ Er sagte, die seien nicht da. Er schickte mich mit einem Schreiben zu einem anderen Gefängnis. Wieder wurde ich gefragt, ob Looksmart zum Tode verurteilt sei. Ich sagte, ich wüßte es nicht. Man schickte mich zum ersten Gefängnis zurück. Der Polizist, den ich schon kannte, schickte mich nach oben zu einem weißen Polizisten. Ich fand, sie hielten mich zum Narren. Ich fuhr nach Hause. Seine Todesursache habe ich nicht herausgefunden.«

Rechtsanwälte übernahmen den Fall. Joel Carlson telefonierte kreuz und quer durch Johannesburg. Die Gefängnisverwaltung, die Polizei ergingen sich in Ausflüchten. Anscheinend wußte niemand, wo Looksmart beerdigt war. Der Fall wurde von einer Behörde an die nächsthöhere verwiesen. Bis während eines Telefonats ein ranghoher Sprecher der Gefängnisverwaltung etwas durchblicken ließ: »Tun Sie mir einen Gefallen«, sagte er, »wenden Sie sich an den Sicherheitsdienst.«

Schließlich wurde ein Termin für eine Untersuchung festgelegt; dann plötzlich um eine Woche verschoben; dann mit einemmal um zehn Tage vorverlegt und achtundvierzig Stunden vor Verfahrensbeginn der Rechtsanwalt benachrichtigt, daß »aufgrund höherer Befehle« der Fall vorgezogen würde.

Verteidiger George Lowen wurde unterrichtet, daß »der Verstorbene in diesem Fall ein Neunzig-Tage-Häftling war. Ein Mann bei guter Gesundheit ..., der tot in seiner Zelle aufgefunden wurde. Die Nachricht von seinem Tod hatte in weiten Kreisen zu Beunruhigung geführt, weil, was die Situation dieser Häftlinge betraf, sonst strengstes Stillschweigen herrschte ... Erst zehn Tage nach seinem Tod wurde die Familie benachrichtigt ... Die Mutter wurde vorgeladen, um der Beerdigung ihres Sohns in Pretoria beizuwohnen ... Als sie dort ankam, erklärte man ihr, daß der Leichnam bereits beerdigt sei ... Die Beisetzung hatte am 16. September stattgefunden, nachdem der Leichnam mindestens zehn Tage aufbewahrt worden war, dann überstürzt beigesetzt wurde, obwohl die Mutter eine Vorladung erhalten hatte ...« Warum wurde die Untersuchung zuerst verzögert, dann übereilt zur Verhandlung gebracht? Es war weder Zeit gewesen, Zeugen zu hören noch medizinische Sachverständige hinzuzuziehen, keine Zeit, Anordnungen irgendwelcher Art zu treffen. »Wir wissen nicht, ob es sich um einen Fall von Mord oder Selbstmord handelt. Es ist höchst eigenartig, daß diese Angelegenheit dermaßen im dunkeln liegt.«

Dem Antrag auf Aufschub des Verfahrens wurde stattgegeben.

In den zehn Tagen bis zur Aufnahme des Verfahrens geschah zweierlei.

Beamte des Sicherheitsdienstes erschienen unangemeldet bei Beauty Ngudle, der Witwe Looksmarts, luden sie in ihren Wagen und fuhren mit ihr in Richtung Pretoria. Während der Fahrt legten die Beamten ihr eine Erklärung vor; sie sollte unterschreiben, daß sie auf die Wahrnehmung ihres Rechtsanspruchs verzichte.

Das Gericht trat Montag morgens um 10.30 zusammen. Der Staatsanwalt befragte den Verteidiger nach dem locus standi. In Händen hielt er das Papier, unterschrieben von Beauty Ngudle. Doch auch der Verteidiger konnte ein Papier vorweisen. Es war ihm erst eine halbe Stunde vor der Verhandlung zugegangen. Looksmarts Bruder, Washington, gab darin die eidesstattliche Erklärung ab, daß er sich durch den Verteidiger vertreten ließ.

Zwei Tage, bevor die Untersuchung wieder aufgenommen werden sollte, erschien die Abendzeitung von Johannesburg mit der Schlagzeile: TOTER MANN GEBANNT, dazu die Nachricht, daß Looksmart Solwandle Ngudle aufgrund des Gesetzes zur Unterdrückung des Kommunismus gebannt worden sei. Die Ankündigung in den Regierungsnachrichten trug das Datum vom 25. Oktober, aber die Bannung selbst war am 19. August ausgesprochen worden, dem Tag, an dem Ngudle verhaftet worden war.

Lutuli, Mandela, Sisulu, Slovo, Dadoo, Bunting, Alex La Guma, Lilian Ngoyi, Ronald Segal, Patrick Duncan, Helen Joseph, Dr. Jack Simons, mehrere hundert Südafrikaner, Kommunisten und Nicht-Kommunisten, selbst Anti-Kommunisten waren aufgrund des Gesetzes zur Unterdrückung des Kommunismus gebannt worden. Es bedeutete, daß sie verhaftet werden konnten, wenn sie wie auch immer gearteten politischen Aktivitäten nachgingen, z. B. an einer politischen Versammlung teilnahmen. Es bedeutete auch, daß die Erklärungen, die sie abgaben, egal zu welchem Thema, weder zitiert noch veröffentlicht werden konnten. Im Untersuchungsverfahren Ngudle bedeutete es, so erklärte der Rechtsbeistand, »daß die Aussagen des Verstorbenen oder eines anderen Gebannten nicht gerichtsverwertbar seien ... Wir bedauern deshalb, uns von diesem Verfahren zurückziehen zu müssen.« Die Zeugen, die die Todesumstände Ngudles erhellen konnten, waren gebannte Personen, die Mitgefangenen des Toten. Wie konnten sie vor Gericht aussagen, wenn zu befürchten war, daß diese Aussagen zu ihrer Verurteilung führen würden?

Der Justizminister, Mr. Vorster, erklärte, die Anwälte seien aus politischen Gründen zurückgetreten. Ein Gericht, als außerordentliches Forum, könne durchaus Aussagen der Verbannten anhören, und ein Untersuchungsverfahren käme einer Gerichtsverhandlung gleich. Während des Untersuchungsverfahrens selbst war diese Frage lange debattiert worden. Dann schließlich hatte der Minister verkündet, er stimme der Veröffentlichung von Erklärungen gebannter Personen in Untersuchungsverfahren zu, wenn garantiert sei, daß diese Verfahren nicht als politisches Forum benutzt würden.

Mit einemmal war das Schweigen, welches das Schicksal aller Neunzig-Tage-Häftlinge in ihren Zellen umgeben hatte, gebrochen. Das Buschtelefon, die geheime Gefängnisnachrichtenübermittlung, summte auf Hochtouren. Es war November, und die Gefangenen, die zwischen Juni und Oktober in vielen Teilen des Landes verhaftet worden waren, saßen größtenteils in Pretoria ein; die übrigen, die zu zweit und zu dritt auf die Polizeiwachen verteilt worden waren, wurden zur Vernehmung zum Polizei-Hauptquartier gebracht. Zur Vernehmung und Folter.

Unaufhaltsam eröffnete der Beginn des Untersuchungsverfahrens im Fall Ngudle mit einemmal neue Aussichten für manche Zelleninsassen. Der Informationsfluß war vorsichtig, man wartete ab. J.T. war im Haus derselben Elsie River verhaftet worden wie Looksmart; zuerst hatten sie in Kapstadt im Gefängnis gesessen, waren dann per Auto nach Pretoria gebracht worden. »Looksmart wirkte ganz normal, als ich ihn wiedertraf, doch als der Wagen in Laingsburg hielt, um zu tanken, sagte er mir, er habe am ganzen Körper Schmerzen. Er erzählte, die Polizisten auf der Caledon-Square-Wache hätten ihn morgens geschlagen.« In Pretoria wurden T. und Looksmart getrennt, doch am folgenden Tag trafen sie sich, als ihre Fingerabdrücke abgenommen wurden. »Looksmart schien bei guter Gesundheit.« Fünf Tage später wurde T. zur Vernehmung gebracht. Dabei sah er, wie »Looksmart im Nachbarraum gegen die Wand lehnte. Wir sprachen nicht miteinander. Er wirkte wie benommen. Er hielt den Kopf gesenkt *und hielt die Hände krampfhaft gefaltet. Schürfwunden im Gesicht konnte ich nicht erkennen. Ich bemerkte keine Blutflecke an seiner Kleidung. Er sah verstört aus. Als ich nach anderthalb Stunden aus dem Zimmer kam, war Looksmart nicht mehr da. Ich habe Looksmart nie wiedergesehen.«*

Sieben Tage später traf L. M. Looksmart. Sie waren beide zum Polizeihauptquartier geholt worden. »Ich sah Looksmart, umgeben von sechs weißen Sicherheitsbeamten und einem afrikanischen. Sie standen in meiner Nähe, so daß ich alles sehen und verstehen konnte. Einer der Sicherheitsbeamten kam aus Kapstadt. Zuerst hörte ich: ›Wenn Sie reden, dürfen Sie bald nach Hause.‹ Looksmart sah zu Boden. Er sah aus, als wüßte er nicht, wem er zuerst antworten solle. Alle stellten sie ihm Fragen. Der Mann aus Kapstadt sagte: ›Wenn Sie uns nicht die Wahrheit sagen, sind Sie morgen wieder hier, und wenn Sie dann nicht die Wahrheit sagen, bringen wir Sie um.‹ Er sprach englisch. Looksmart antwortete nicht. Er sprach kein Wort. Da zog ihn der Mann aus Kapstadt am Bart und sagte: ›Sie müssen die Wahrheit sagen.‹ Sie zerrten seinen Kopf hin und her. Looksmart sah weiter zu Boden. Als sie ihn am Bart zogen, wich er etwas zurück, aber er sagte nichts. Dann sagte der Mann aus Kapstadt: ›Gehen Sie und überlegen Sie gut, morgen sehen wir uns wieder.‹ Wir wurden zusammen nach draußen gebracht, und ich fragte Looksmart auf xhosa, was los sei. Er sagte: ›Sie sagen, sie wollen mich morgen umbringen.‹ Im Wagen machte ich ihm ein Zeichen und fragte: ›Hast du ausgesagt?‹ Er schüttelte den Kopf: ›Nein.‹ Ich gab Looksmart eine Zigarette, ohne daß der Mann vom Sicherheitsdienst es bemerkte. Er sagte: ›Mensch, ich weiß nicht, was morgen passiert.‹ Er war sehr beunruhigt.«

Als das Untersuchungsverfahren am 26. November wiederaufgenommen wurde, vertrat der Verteidiger Vernon Berrange die Angehörigen Looksmarts, und er konnte einen wichtigen Belastungszeugen vorweisen. Isaac Tlale war an Looksmart gefesselt und mit ihm gefoltert worden. Die ersten Enthüllungen über Folterungen von Neunzig-Tage-Häftlingen waren nicht in Südafrika, sondern in der britischen Zeitung The Observer *vom 3. November erschienen. Der zuständige Gefängnisbevollmächtigte hatte die zitierten*

Häftlingsaussagen als ›groben Unfug‹ zurückgewiesen. Die Aussagen, erklärte General Keevy, der Polizeibevollmächtigte, seien ›ein Haufen dummes Zeug‹.

Nachdem das Untersuchungsverfahren eröffnet war, nahm Vernon Berrange die als Zeugen erschienenen Polizisten ins Kreuzverhör, unter ihnen Sergeant Ferreira, Sicherheitspolizist Strumpher, Major Frederick Van Niekerk. Sie bezeugten, daß die Häftlinge für gewöhnlich in der Polizeizentrale in Pretoria vernommen wurden; etwa vierzehn Angehörige des Sicherheitsdienstes waren mit der Vernehmung der Verdächtigten beschäftigt. Strumpher erklärte, Looksmart sei ›ein Feigling gewesen‹. Im Kreuzverhör beharrte er, daß Looksmarts ›Feigheit‹ kein Ergebnis der angewandten Verhörmethoden gewesen sei. Am Tage vor Looksmarts Tod hatte Strumpher den Häftling an Sergeant Ferreira übergeben. Ferreira war es gewesen, der Ngudle verhaftet und in dessen Versteck Schriften des ANC, eine Schreibmaschine, Gummihandschuhe, Chemikalien und Plastiktüten gefunden hatte.

Berrange nahm Ferreira eingehend ins Kreuzverhör und befragte ihn nach der Vorgehensweise bei Looksmarts Vernehmung.

›Als Looksmart erfuhr, daß er der Sabotage angeklagt würde, legte er kein Geständnis ab?‹ – ›Er wurde im Sinne des Gesetzes auf seine Strafe hingewiesen.‹

»Also, er hatte beschlossen, nicht auszusagen, und deshalb wurde die Neunzig-Tage-Haft angewandt?« – »So ist es.«

»Geschah es in der Hoffnung, daß Sie ihn doch dazu bringen könnten, andere zu belasten?« – »Es geschah als Versuch, die Fälle von Sabotage in der Kapregion aufzuklären.«

»Deshalb wurde er aufgrund des Neunzig-Tage-Haft-Gesetzes festgehalten; Sie hofften, Sie könnten ihn dazu bringen, andere an Sabotageakten in der Kapregion Beteiligte zu nennen?« – »So ist es.«

»Und Sie besaßen so eindeutige Beweise der Schuld dieses Mannes, daß Sie nicht im geringsten an einem Eingeständnis seiner Schuld interessiert waren?« – »So ist es.«

»Und um dieses Beweismaterial zu bekommen, hielt man es für angebracht, ihn neunzig Tage ins Gefängnis zu sperren?« – »Ja.«

»Am 4. September, einen Tag vor seinem Tod, wollten Sie ihn

zu einer Aussage bezüglich anderer Mittäter bewegen?« –
»Ja.«

»*Er war bereits sechsmal vom Nordgefängnis in Pretoria zum
Polizeihauptquartier gebracht worden?«* – »*Fünfmal.«*

»*Worüber haben Sie am 27. August, dem Tag seiner Verhaftung, mit ihm gesprochen?«* – »*Über sein Wohlbefinden, seine
Gesundheit, ob er seiner Frau schreiben möchte etc.«*

»*Sie haben nicht gesagt: Also los, Looksmart, sind Sie bereit,
Ihre Freunde zu belasten? – Davon haben Sie nichts verlauten
lassen?«* – »*Ganz genau.«*

»*Sie wollten durch Ihr freundliches Verhalten zuerst sein Vertrauen gewinnen?«* – »*So ist es.«*

An den folgenden Tagen wurde Looksmart fotografiert und
zwei Polizisten vorgeführt, die ihm gewisse belastende Exponate vorhielten und ihn drängten, deren Urheber zu nennen.
Einer der Polizisten förderte eine Namensliste all derer zutage, über die er Informationen brauchte. Looksmart weigerte sich immer noch, auszusagen, sagte Ferreira.

Berrange fuhr fort:

»*Und dann beim nächsten Treffen, am 4. September, erklärte
er mit einemmal: ›Ich bin bereit zu reden‹, nachdem Sie bis zu
jenem Zeitpunkt nichts aus ihm herausbekommen hatten?«* –
»*So ist es.«*

Was zu diesem Sinneswandel geführt hatte, wollte Berrange
wissen. Ferreira leugnete, daß Looksmart mißhandelt, gefoltert worden war, daß man durch Behandlung mit Elektroschocks versucht hatte, ihn zum Reden zu bringen.

»*Er war plötzlich feige geworden?«* – »*Ja.«*

»*Und Sie wissen nicht, warum?«* – »*Warum? Ich habe keine
Ahnung, warum.«*

»*Sie wissen nicht, warum. Es ist Ihnen ein Rätsel. Ich glaube,
es ist an der Zeit, Ihnen einen Zeugen gegenüberzustellen, der
diesen Punkt erhellen kann. Ich habe Beweismaterial zu dieser Frage, und ich sage Ihnen, ich habe zwanzig Zeugen, –
zwanzig –, die einer nach dem anderen bestätigen können,
wie sie im Polizeihauptquartier von Pretoria Opfer äußerst
brutaler Behandlung wurden. Davon wissen Sie nichts?«* –
»*Nein.«*

Major Frederick Van Niekerk kam als nächster Polizist in den
Zeugenstand.

»*Dieser Looksmart wurde von Ihrer Abteilung offensichtlich als eine Person von enormem Informationswert eingeschätzt?*« – »*Er galt als Schlüsselfigur, ja.*«

»*Deshalb erschien es der Polizei als äußerst wichtig, ihn zum Reden zu bringen?*« – »*Es hätte uns die Angelegenheit bedeutend erleichtert, wenn er ausgesagt hätte ...*«

»*Wenn ein Gefangener, egal wer, bei seiner Vernehmung nach seiner Verhaftung erklärt:* ›*Ich bin unter keinen Umständen bereit, irgendwelche Informationen zu geben*‹*, lassen Sie ihn dann in Ruhe oder unternehmen Sie weitere Schritte, damit er aussagt?*« – »*Also, er wird dann weiter vernommen.*«

»*Immer weiter?*« – »*Ja.*«

»*Immer weiter?*« – »*Ja.*«

»*Immer weiter?*« – »*Ja.*«

»*Immer weiter?*« – »*Ja.*«

»*Ich verstehe, die Vernehmungen haben den Sinn, ihn kleinzukriegen, nicht wahr?*« – »*Dazu äußere ich mich nicht.*«

»*Was ist dann der Sinn? Äußern Sie sich.*« – »*Nun, schließlich ist er da, um Informationen zu geben, deshalb ist er verhaftet worden.*«

»*Aber wenn er Ihnen erklärt hat:* ›*Selbst wenn ich etwas weiß, werde ich nichts sagen*‹*? Wird er dann immer weiter verhört, um ihn mürbe zu machen?*« – »*Nein.*«

»*Wozu dann?*« – »*Um Informationen von ihm zu bekommen.*«

»*Der Sinn der Sache ist also, daß er vielleicht seine Ansicht ändert, wenn man ihn immer weiter vernimmt?*« – »*Ja.*«

»*Angenommen, ein Verdächtiger ist verhaftet worden, weil Sie, die Polizei, fest davon überzeugt sind, daß er gewisse Informationen besitzt. Wenn Ihre Annahme aber falsch ist und der Mann diese Informationen gar nicht hat, vernehmen Sie ihn immer wieder?*« – »*Das hängt davon ab, ob wir davon überzeugt sind, daß er etwas weiß.*«

»*Ja, davon gehe ich einmal aus.*« – »*Dann würde ich ihn vernehmen.*«

»*Immer wieder?*« – »*Ja.*«

»*Wenn Ihre Annahme aber falsch ist, wäre dieses Vorgehen für den Mann nicht entsetzlich?*« – »*Ja.*«

Mr. Berrange rief seinen ersten Zeugen auf. Es handelte sich um Isaac Tlale, einen fünfzigjährigen Kaufmann aus Alexandra Township, Vater von fünf Kindern, Neunzig-Tage-Häftling.

»Wie viele Stunden waren Sie täglich in Ihre Zelle eingeschlossen?« – »Seit meiner Ankunft ist mir nicht erlaubt worden, meine Zelle zu verlassen.«

»Und wie wurde Ihre Zelle saubergemacht?« – »Man gab mir einen Besen, und ich habe die Zelle ausgefegt. Wenn das Essen gebracht wurde, nahmen sie den Kehricht mit.«

»Wurde Ihnen Hofgang gewährt, eine halbe Stunde vielleicht?« – »Nein.«

»Was bekamen Sie zu essen?« – »Ein Stück Brot.«

»Was bekamen Sie außer Brot.« – »Ich bekam nur Brot zu essen.«

Tlale erzählte, wie er eines Tages Ende August zur Zentralwache in Pretoria gebracht, dort mit Handschellen an einen Stuhl gefesselt und von jemandem, den er ›Baas Kappie‹ nannte, tätlich angegriffen wurde. Er fiel vom Stuhl, wobei ein Stuhlbein abbrach, womit ›Baas Kappie‹ ihm auf den Kopf schlug.

Der Staatsanwalt erhob sich und erklärte, diese Aussage gehöre nicht zur Sache. »Es geht hier nicht darum, was anderen Häftlingen widerfuhr, hier geht es nur um den Verstorbenen.«

Berrange: »Warten Sie ab, dann verstehen Sie die Bedeutung dieser Aussage.« Er fuhr mit der Beweisführung fort.

»Sie sagen, daß man Ihnen mit dem Stuhlbein auf den Kopf schlug, daß Sie gewürgt und getreten wurden?« – »Ja.«

»Und was wollte man von Ihnen?« – »Ich sollte gestehen, daß ich es bin, der die Anwerbung neuer ANC-Mitglieder organisiert.«

»Sind Sie anschließend in einen anderen Teil des Gebäudes gebracht worden?« – »Sie brachten mich in einen anderen Raum.«

»Was für einen Raum?« – »Ein Büro.«

»Waren Sie in dem Büro allein?« – »Nein, ich stellte fest, daß bereits ein Bantu dort saß.«

»Wußten Sie damals schon, wie er hieß?« – »Nein.«

»Haben Sie später seinen Namen erfahren?« – »Ja.«

»Und wie lautete sein Name?« – »Looksmart.«

»Also nachdem Sie in dieses Büro gebracht worden waren, in

dem Looksmart saß, was geschah dann?« – »Ich wurde in ein
anderes Zimmer gerufen.«

»Und was geschah in dem anderen Zimmer?« – »Da saßen
drei Europäer.«

»Und was geschah mit Ihnen?« – »Sie fragten mich, ob ich
immer noch leugnete. Ich sagte, ich wüßte nichts. Dann for-
derten Sie mich auf zu hüpfen.«

»Können Sie vormachen, wie?« (Zeuge hüpft.)

»Ich verstehe, wie lange hüpften Sie?« – »Ich hüpfte, bis ich
nicht mehr konnte.«

»Und haben Sie sich immer noch geweigert, auszusagen?« –
»Ich habe mich weiterhin geweigert.«

»Was geschah dann?« – »Man befahl mir, mich auszuzie-
hen.«

»Haben Sie das getan?« – »Ja.«

»Und dann, was befahl man Ihnen dann?« – »Sie legten mir
Handschellen an und sagten, ich solle mich auf einen der bei-
den Stühle setzen, die dicht nebeneinander standen.« (Zeuge
zeigt, was er meint.) »Ich mußte mich folgendermaßen hinset-
zen: meine Hände waren gefesselt, in meine Kniekehlen scho-
ben sie einen dicken Besenstiel.«

»Wie, können Sie das genauer beschreiben?« – »Sie schoben
den Stock zuerst über den rechten Arm, dann unter beide Knie
und wieder über den linken Arm.«

»So daß Sie völlig gefesselt waren?« – »Ja.«

»Was geschah mit Ihrem Kopf?« – »Sie zogen mir eine Tüte
über den Kopf.«

»Und was geschah mit Ihren Händen?« – »Ich fühlte, wie
etwas an meinen kleinen Fingern befestigt wurde.«

»Und gleichzeitig redete man ununterbrochen auf Sie ein und
befragte Sie?« – »Ich wurde ununterbrochen gefragt, ob ich
mich immer noch weigere, auszusagen.«

»Haben Sie sich geweigert?« – »Ich habe mich weiter gewei-
gert.«

»Was geschah dann?« – »Ich fühlte am ganzen Körper ein
Brennen, als ob ich einen elektrischen Schlag versetzt be-
kam.«

»Haben Sie schon einmal einen Schlag bekommen?« – »Ja,
beim Reparieren meines Wagens.«

»Genauso?« – »Ja.«

»Wie oft wurde Ihnen solch ein Schock versetzt?« – »Zweimal.«

»Was geschah zuletzt?« – »Ich bin danach bewußtlos geworden. Das nächste, woran ich mich erinnere, ist, daß ich vor einem Schreibtisch stand und ein Schriftstück unterschrieb.«

»Führte Ihnen jemand die Hand?« – »Ja, ein Polizist.«

»Wie sah das Schriftstück aus?« – »Oben war ein Zettel angeheftet, auf dem mein Name und meine Adresse standen.«

»Und sonst?« – »Der Rest war ein leeres Blatt Papier.«

»Und das Blatt, das Sie unterschrieben haben, können Sie sich daran erinnern?« – »Es war nicht das Blatt auf dem mein Name stand.«

»Was geschah anschließend?« – »Sie sagten, ich solle mich waschen gehen.«

»Warum sollten Sie sich waschen gehen?« – »Ich hatte mich schmutzig gemacht.«

»Sie hatten in die Hose gemacht?« – »Ja. Man brachte mich zur Toilette, dort habe ich mit Papier meine Hose ausgewischt.«

»Und dann wurden Sie in den Raum zurückgebracht, in dem dieser Mann saß, von dem Sie später erfuhren, daß er Looksmart hieß?« – »Ja.«

»Was geschah mit ihm?« – »Der Polizist rief seinen Namen und sagte: ›Looksmart, komm.‹ So habe ich seinen Namen erfahren.«

»Wohin ging er?« – »Er ging in die gleiche Richtung, aus der ich gekommen war.«

»Blieb er lange fort?« – »Ziemlich lange, ungefähr dreißig Minuten.«

»Und wie sah er aus, als er wiederkam?« – »Sein Gesicht war völlig verschwitzt.«

»Wirkte er sonst noch anders?« – »Er sah ganz grün im Gesicht aus.«

»Er sah grün aus, bedeutet das, er sah gut oder er sah krank aus?« – »Krank.«

»Wo saß Looksmart?« – »Er setzte sich neben mich.«

»Waren Ihre Hände gefesselt, oder waren sie frei?« – »Ich trug Handschellen, eine Hand wurde dann losgemacht, und

Looksmart und ich wurden mit Handschellen aneinander ge-
fesselt.«
»Sprach Looksmart mit Ihnen?« – »Er fragte mich, ob ich
auch Elektroschocks bekommen hätte.«
»Und was antworteten Sie?« – »Ich sagte, ja.«
»Bekamen Sie während dieser Zeit etwas zu essen?« – »Ja,
Fisch und Brot.«
»Aß Looksmart etwas?« – »Er aß nichts.«.
»Haben Sie ihn nach dem Grund gefragt?« – »Ja, er antwor-
tete, daß ihm von den Schocks alles weh tue.«
»Können Sie den genauen Wortlaut wiederholen? Sagen Sie
die Worte auf xhosa.« (Sagt den Satz auf xhosa.)
»Was heißt das?« – »Es heißt: ›Ich habe große Schmerzen.‹«
Tlale berichtete, daß er mehrfach verhört wurde, wobei man
drohte, daß er zehn, zwanzig, bis zu dreißig Jahre im Gefäng-
nis sitzen würde, wenn er nicht aussage.
(Isaac Tlale wurde aus dem Gerichtsaal zurück in seine Zelle
gebracht. Einige Monate danach wurde er mit zwei anderen
ANC-Mitgliedern vor Gericht gestellt. Das Beweismaterial
gegen ihn war widersprüchlich und nicht stichhaltig. Tlale
weigerte sich, als Zeuge auszusagen, um seine Unschuld zu
beweisen, weil er verhindern wollte, daß der Staatsanwalt ihn
zu Punkten befragte, die andere womöglich belasteten. Er
wurde schuldig gesprochen und zu elf Jahren Zwangsarbeit
verurteilt. Er befindet sich immer noch im Gefängnis.)
Das Untersuchungsverfahren wurde vertagt und später wie-
der aufgenommen, um Zephania Mothopeng zu untersuchen;
er war Mathematik-, Physik- und Musiklehrer und ein guter
Freund des Schriftstellers Ezekiel Mphahlele, den er aus seiner
Studienzeit kannte. Mothopeng war nach dem Sharpville-
Massaker verhaftet und zu zwei Jahren Gefängnis verurteilt
worden. Ein Jahr nach seiner Entlassung war er wieder ver-
haftet worden; er saß in Johannesburg in Untersuchungshaft,
doch das Verfahren wurde aufgeschoben. Nach vier Monaten
wurde er vor Gericht gestellt, doch die Anklage wurde
schließlich zurückgezogen. Direkt danach wurde er wieder
festgenommen, diesmal aufgrund des Neunzig-Tage-Haft-
Gesetzes. Man versuchte, ihn dazu zu bringen, gegen den
Reverend Arthur Blaxall auszusagen, der beschuldigt wurde,
an den illegalen Pan-Afrikanischen Kongreß Gelder gezahlt

zu haben. Mothopeng weigerte sich. Danach wurde er in vollem Umfang gefoltert. In dem Raum, in dem die Elektroschockbehandlung stattfand, sei, so erklärte man ihm, schon einmal jemand getötet worden, und ihn würden sie auch töten und seinen Leichnam einfach beiseite schaffen, so daß niemand davon erführe. Er hatte das Gefühl, »den Verstand zu verlieren«. Im Gefängniskrankenhaus kam er wieder zu Bewußtsein. Die medizinischen Gutachter, die Mothopeng untersuchten, gaben zu Protokoll: »Die Kommission untersucht die Finger des Zeugen. Der Zeigefinger weist unten an der Oberseite eine leichte Verletzung in der Art einer oberflächlichen Schürfwunde auf, Durchmesser 5 mm etc., etc.«

Mr. L. sagte vor Gericht aus, daß er im Leichenhaus Looksmart identifizieren sollte. Einer der Polizisten erklärte ihm bei dieser Gelegenheit: »Wir haben Krieg, und Ihr Leben bedeutet gar nichts.«

Zu diesem Zeitpunkt war die Untersuchungskommission nervös geworden. Die Zeugenaussagen über die Haftbedingungen und die Behandlung anderer Häftlinge seien irrelevant, argumentierte der Staatsanwalt. Das Gericht verfügte, daß die Aussagen der Zeugen, die Mr. Berrange aufgerufen hatte, unstatthaft seien.

Berrange protestierte: »Ich habe bei der Eröffnung dieses Verfahrens deutlich gemacht, daß ich Zeugen hinzuziehen würde, die beweisen konnten, daß die Polizei Neunzig-Tage-Häftlinge auf brutalste Weise systematisch mißhandelte. Angesichts der Verfügung des Hohen Gerichts wird offenkundig, daß nicht nur ich gehindert werde, diesen Beweis zu erbringen, sondern auch Mr. Tlales Aussagen sind somit nicht mehr statthaft. Deshalb bleibt mir keine andere Wahl, als mich von diesem Verfahren zurückzuziehen.«

Das Gericht kam zu dem Urteil, daß Looksmart Solwandle Ngudle Selbstmord durch Erhängen begangen habe und sein Tod »in keinem Zusammenhang mit Straftaten oder unterlassener Hilfeleistung von seiten anderer stand«. Das Urteil beendete den Versuch, weiteres Beweismaterial für die Behandlung von Häftlingen zusammenzutragen, doch der Versuch, diesen Prozeß von höchster Stelle zu unterbinden, kam zu spät. Looksmart durch seinen Tod und Tlale durch seine mutige Aussage hatten zum erstenmal die Foltermethoden, die

der Sicherheitsdienst an Neunzig-Tage-Häftlingen prakti-
zierte, an die Öffentlichkeit gebracht.

✳

Der Sicherheitsbeamte, der mich am ersten Morgen nach meiner Rückkehr zum Marshall-Square-Gefängnis aus meiner
Zelle holen ließ, plante keine Folter, sondern kam mit einem
Lockmittel. Ich war immer noch euphorisch, weil ich der läh-
menden Stagnation in Pretoria entkommen war, auch wenn
das Wissen, daß die neunzig Tage meiner Haft in fünf Tagen
vorüber waren, mich innerlich zutiefst beunruhigte. Viktor
stand in der Tür, als ich ins Sprechzimmer kam. »Haben Sie
die Flasche mitgebracht?« fragte ich ihn. Er überreichte mir
eine Flasche. Doch es war kein Brandy, sondern eine kleine
Flasche Eau de Cologne, die mir während der Fahrt von Pretoria nach Johannesburg auf dem Rücksitz des Polizeiwagens
aus der Tasche gefallen war. Er war jedoch nicht allein gekommen, mir die Flasche zurückzubringen. Er schien bedacht, mit mir ins Gespräch zu kommen. Er erzählte von
sich. Er war ein engagiertes Mitglied des Betrugsdezernats im
C.I.D. (Criminal Investigation Department). Sein größter
Erfolg war die Verhaftung von ›Babyface‹ Goodwin gewesen,
dessen Fall er bearbeitet hatte. Goodwin war beim Betrugsdezernat ein alter Bekannter. Aus der Untersuchungshaft in
The Fort war er mit einer gefälschten Entlassungsurkunde
entkommen. Er war nicht nur auf mysteriöse Weise aus dem
Gefängnis, sondern ebenso aus Südafrika verschwunden. Er
verschaffte sich Einreise in die USA, wohin Viktor ihm
folgte. Doch da war Goodwin bereits in Kanada. Viktor hielt
sich vergeblich in den Staaten auf, doch das hielt ihn nicht
davon ab, einer Sitzung der Vereinten Nationen beizuwohnen, auch wenn vor dem Gebäude gegen das Apartheidre-
gime demonstriert wurde, was ihn entrüstete. Er war vier-
unddreißig Jahre alt und schon Leutnant, die guten Resultate
früherer Überprüfungen zum Zwecke seiner Beförderung
deuteten auf eine vielversprechende Zukunft. Er war interessiert, zum Betrugsdezernat zurückzukehren, erklärte er, bei
der Sicherheitspolizei fühlte er sich nicht zu Hause.
Er fand, auch für mich sei die Polizeiwache nicht das Richtige. Warum ich dieser unerfreulichen Situation kein Ende be-

reite? Ich brauche nur auszusagen, und schon sei ich frei. Woher er so sicher sei, daß ich überhaupt etwas wisse, fragte ich. »Sie wissen einiges. Sie wissen *viel*. Ich weiß es«, sagte er.

Ich hielt ihm meine Rede über die Neunzig-Tage-Haft. Der Sicherheitsdienst hatte mich beschattet, hatte meine Post geöffnet, mein Telefon abgehört, hatte eine Akte über mich angelegt. Sie hatten mich verfolgt und wollten mich vor Gericht stellen. Und er versuchte, mir einzureden, daß dieser Sicherheitsdienst mir Gerechtigkeit widerfahren lassen wolle, nicht als Ankläger, sondern als ein Gericht, das unabhängig und unvoreingenommen über meine Zukunft entschied? Ich traute dem Sicherheitsdienst nicht über den Weg, erklärte ich. Ich traute ihm absolut nicht. Und was die Informationen anging, ich wußte nichts, das für irgend jemanden irgenwie von Interesse sein konnte.

»Wenn Sie nichts wissen«, sagte Viktor, »dann ist die Sache erledigt.«

Er machte mir einen Vorschlag. Ich wüßte doch, sagte er, daß die Polizei bei der Hausdurchsuchung nach meiner Verhaftung ein Exemplar von *Fighting Talk* gefunden hatte, und ich wüßte auch, daß dies nach dem Gesetz zur Unterdrükkung des Kommunismus eine gebannte Publikation sei. Also, der Generalstaatsanwalt würde gern Anklage erheben, und ein Verfahren wegen Besitzes illegaler Schriften läge allein in der Entscheidungsbefugnis des Generalstaatsanwalts; doch es sei nicht unmöglich, daß Oberst Klindt ein Wort für mich einlegte.

»Welchen Inhalts?« fragte ich.

Also, er handle ungern, und er habe auch kein Tauschgeschäft im Sinn und wolle keine Bedingungen nennen, doch wenn ich bereit sei, gewisse Fragen zu beantworten und Informationen weiterzugeben, würde die Anklage gegen mich womöglich fallengelassen.

»Sie sind noch nicht lange im Dienst«, sagte ich, »wie können Sie mir im Namen des Sicherheitsdienstes einen solchen Vorschlag machen?«

Er erklärte, daß er das könne. Sein Wort reiche mir nicht, gab ich ihm zur Antwort. Mir sei lieber, er ginge zu seinem Vorgesetzten, Oberst Klindt, und ließe sich seinen Vorschlag dort besiegeln. Viktor ging darauf ein und versprach, am nächsten Morgen wiederzukommen.

Am nächsten Tag, einem Samstag, kam niemand. Ich überlegte, wie naiv der Vorschlag des Sicherheitsbeamten war. Sonntag war ein Tag, an dem das Gefängnisleben zum Stillstand kam. Die diensthabenden Polizisten legten, wenn keiner es sah, nach verrichteter Buchführung und der Aufnahme der wenigen Missetäter, denen sonntags nichts Besseres einfiel, als sich ins Gefängnis einliefern zu lassen, die Füße hoch und lasen die Comics in der Sonntagszeitung. Die Zellen im Frauengefängnis standen immer noch leer, und die Aufseherin ließ mich in den kleinen Hof und gönnte mir diesmal mehr als die übliche Stunde Sonnenschein. Ich sorgte mich über den Ausgang der ersten neunzig Tage und gab mir Mühe, ruhig zu bleiben. Als die Aufseherin die schwere Hoftür aufschloß, schickte ich mich an, zurück in meine Zelle zu gehen. »Nein«, sagte sie. »Jemand möchte Sie sprechen.«

Ein sonntäglicher Besuch. Es war Leutnant Viktor, der zwischen Kirchgang und Mittagessen seinen Dienst tat. Er entschuldigte sich, daß er am Samstag nicht vorbeigekommen sei. Doch er habe Oberst Klindt berichtet, worüber wir gesprochen hätten, und der Oberst habe ihn bevollmächtigt, in dessen Namen dem Vorschlag zuzustimmen.

Ich sah mich im Geiste – wegen unerlaubten Besitzes illegaler Schriften auf der Anklagebank – die schändlichen Tauschgeschäfte des Sicherheitsdienstes enthüllen. Ich wollte ganz genau wissen, worauf Viktor hinauswollte, deshalb bat ich ihn, seinen Vorschlag noch einmal darzulegen. Er wiederholte ihn in fast identischem Wortlaut.

»Sie machen sich mit Ihrem Vorschlag im höchsten Grade strafbar, nicht wahr?« fragte ich.

»Überhaupt nicht«, sagte er. Da die Polizei keine Anklage erhob, ging er auch keinen Handel ein, wenn er sich mit mir einigte, diese Anklage gegen Informationen zu tauschen. Doch nichts konnte den Polizeichef davon abhalten, dem Generalstaatsanwalt einen Brief etwa folgenden Inhalts zukommen zu lassen: »Falls Sie beabsichtigen, gegen Mrs. Slovo Anklage zu erheben, mag es für Sie von Interesse sein, daß sie der Polizei gute Dienste erweist.«

»Nein«, sagte ich. »Ich bin an diesem Handel nicht interessiert.«

Wieder teilte ich ihm meine Meinung zur Neunzig-Tage-Haft und die geltenden Gesetze mit, und Viktor hörte mir genau zu und behauptete, er verstehe meinen Standpunkt, auch wenn er sich von seinem unterscheide. Ich erklärte, daß ich dem Sicherheitsdienst nicht traue; vielleicht, antwortete er, hätte ich meine guten Gründe. Doch er riet mir, meine Situation genau zu bedenken. Schließlich sei nicht gesagt, daß ich nur eine Haftperiode absitzen müsse; ob mir die Aussicht auf weitere neunzig Tage gefalle? Und außerdem sei ich im Besitz illegaler Schriften gewesen. Dann ging er.

Der nächste Tag war ein Montag, und zu meiner Überraschung wurde ich morgens ins Besuchszimmer gerufen, wo die Kinder und meine Mutter auf mich warteten. Ich war bestürzt, und als ich die Gänge entlanglief, sagte ich mir: »Das ist ein schlechtes Zeichen, das bedeutet nichts Gutes. Wenn sie vorhätten, mich am Ende der Neunzig-Tage-Haft freizulassen, hätten die Kinder heute keine Besuchserlaubnis bekommen.« Ich hatte jedoch keine Zeit, darüber nachzudenken, was dieser Besuch bezwecken sollte. Die drei Kinder liefen mir beim Eintreten mit leuchtenden Gesichtern entgegen, und wir umarmten uns lange und ausgiebig. Die Kinder saßen abwechselnd auf meinem Schoß und drückten sich an mich. Ich weiß nicht, warum ich aussprach, was wir alle dachten, warum ich zu Sergeant K., der das Gespräch beaufsichtigte, sagte: »Morgen sind meine neunzig Tage vorbei, haben Sie vor, Anklage gegen mich zu erheben?« Die Antwort des Sergeanten klang vorsichtig: Auf seinem Schreibtisch befänden sich keine Akten, die auf eine Anklage hindeuteten, sagte er. Robyn strahlte bei den Worten: »Neunzig Tage … vorbei … morgen.« Immerhin wäre ich rechtzeitig zu ihrem Geburtstag wieder zu Hause. Ich konnte den Besuch nicht verderben, konnte nicht zur Vorsicht mahnen, selbst ich verdrängte den Gedanken, daß es unwahrscheinlich schien, herauszukommen, daß wir uns auf weitere neunzig Tage gefaßt machen sollten. Als Sergeant K. mit den Eintragungen ins offizielle Besucherbuch beschäftigt war, flüsterte mir meine Mutter zu: »B. hat geredet. Etwas ist fürchterlich schiefgegangen.«

Fünftes Kapitel

»Kein Ort für Sie«

Kurz nachdem der Besuch fort war, brachte man mich zurück zur Frauenabteilung, doch auf dem Weg in meine Zelle meinte die Aufseherin, ich könne gleich meinen Hofgang machen. Da saß ich nun auf dem Boden, mit dem Rücken an die Wand gelehnt, und zitterte am ganzen Körper. Wenn B. geredet hatte, bedeutete dies, daß ich meine Hoffnung auf Freilassung begraben konnte. B. wußte soviel über mich: Wieso ich nach Rivonia gegangen war; wen ich dort getroffen hatte; bei welchen Treffen – insbesondere einem – ich anwesend war; er kannte die Leute aus dem Untergrund, mit denen ich in Verbindung stand. Warum war er zusammengebrochen? Wie war er zusammengebrochen? Ich hatte ihn immer für beherrscht und selbstsicher gehalten, beinah phantasielos, alles Eigenschaften, die in der Haft nur von Vorteil sein konnten. War es möglich, ihm eine Nachricht zukommen zu lassen? Wie konnte ich herausfinden, ob ich in seinen Aussagen vor dem Sicherheitsdienst eine Rolle spielte? Das Herz schlug mir bis zum Hals, und ich hatte Schwierigkeiten, einen klaren Gedanken zu fassen. Ich hatte das Gefühl, ich stünde auf einem hohen Sprungturm, bereit zum Absprung, und bekäme plötzlich von hinten einen Schubs, so daß ich abwärts fiel und sich, während ich fiel, zugleich das Wasserbecken leerte.

Ich versuchte die Panik, die mich angesichts des unvorhergesehenen Verrats erfaßt hatte, zurückzudrängen, als mich die Aufseherin wieder ins Gebäude rief, weil man mich sprechen wollte. Dabei hatte ich nur das Bedürfnis, allein zu sein und in Ruhe nachdenken zu können. An jenem Morgen hatten sich offensichtlich alle gegen mich verschworen, von der Aufseherin angefangen, die mich immer wieder bei meinen Gedanken unterbrach, bis zu den Freunden, die eigentlich auf unserer Seite standen.

Als ich ins Wartezimmer kam, stand dort Nel. Seit vor einer

Woche Viktor auf der Bildfläche erschienen war, war er nicht mehr gekommen.

»Ich soll Ihnen mitteilen, daß Sie packen können, Mrs. Slovo, ich soll Sie entlassen!«

Sekunden vergingen.

»Ich glaube Ihnen nicht«, stieß ich hervor. »Sie werden mich wieder verhaften.«

»Ich meine, was ich sage«, beharrte Nel. »Ich bin heute morgen gekommen, um Sie zu entlassen.«

»Machen Sie mir nichts vor. Reden Sie nicht von Entlassung, wenn Sie eigentlich etwas ganz anderes im Sinn haben.«

»Ich bin gekommen, um Sie zu entlassen, Mrs. Slovo«, wiederholte er.

Die Aufseherin hatte im Hintergrund gewartet. »Seien Sie nicht so aufgebracht, Mrs. Slovo«, mischte sie sich ein und nahm mich am Arm. »Sie können nach Hause gehen. Kommen Sie, ich helfe Ihnen packen.«

Voller Zweifel folgte ich ihr in die Zelle; dann aber ergriff mich die Aufregung, und ich packte meine Habe in den Koffer, drückte den Deckel zu, sammelte mein Geschirr in den Korb, die Thermoskanne, wechselte von den langen Hosen, die ich trug, in mein marineblaues Kostüm, schenkte der Aufseherin die Schachtel Trockenfrüchte, die ich vor kurzem geschickt bekommen hatte. Beladen mit Koffer, Korb und Thermoskanne wankte ich auf die schwere Tür des Zellentrakts zu, der Schlüsselmann versah mit leichter Hand seinen Dienst, und ich ging weiter ins Polizeibüro. Der diensthabende Sergeant wußte Bescheid, das Gefangenenbuch lag aufgeschlagen da, und er schrieb den Entlassungsbescheid. Er hatte offensichtlich gute Laune. Ich vermutete, daß manche der fähigeren Gefangenenwärter am Marshall Square von der Neunzig-Tage-Haft nicht begeistert waren. Zwar waren sie gewohnt, Leute hinter Gitter zu bringen, doch nach den alten Spielregeln, und achtundvierzig Stunden ohne Anklage schien einigen dieser Männer offenbar immer noch ausreichend, egal um welche Sorte Gefangener es sich dabei handelte. Der Sergeant stellte keine Fragen; um das Formular auszufüllen, benötigte er keine besonderen Angaben. Er achtete darauf, daß das Kohlepapier richtig eingelegt war, stempelte den oberen Bogen, dann den unteren, trennte den Durchschlag ab und händigte ihn mir aus.

Ich hielt meine Entlassungsurkunde in meiner Hand.

Nel war immer noch anwesend. »Das hätten Sie mir zwanzig Minuten früher mitteilen können«, warf ich ihm vor. »Dann hätte ich mit meiner Familie heimfahren können. Wo finde ich jetzt einen Wagen? Ich habe nicht einmal genug Pennies fürs Telefon.«

Ich fragte, ob ich das Telefon im Büro benutzen könne, doch das erlaubte der Sergeant nicht, draußen sei jedoch eine Telefonzelle. Ich suchte in meinem Portemonnaie (das man mir mit meinen übrigen konfiszierten Sachen in einer speziell dafür vorgesehenen Tüte ausgehändigt hatte) nach Kleingeld. Neben Nel stand ein Mann, der auch vom Sicherheitsdienst sein mußte, den ich vorher noch nie gesehen hatte. Er trat zu mir und schaute mir über die Schulter. »Sehen Sie, da«, sagte er und deutete auf einen Penny, der hinten im Geldfach steckte. »Da ist noch einer.« Er schien über den Fund genauso erfreut wie ich.

Ich fingerte die Münze heraus und machte mich schnurstracks auf den Weg nach draußen zur Telefonzelle. Doch auf halbem Weg fingen mich zwei Männer ab, Beamte des Sicherheitsdienstes.

»Einen Augenblick, Mrs. Slovo«, sagte der Wortführer.

»Was wollen Sie jetzt noch?« fragte ich und war auf Sätze gefaßt wie: »…Aufgrund des Gesetzes zur Unterdrückung des Kommunismus, Anklage wegen unerlaubten Besitzes illegaler Schriften …«, doch er sagte:

»…eine weitere Haftperiode von neunzig Tagen.«

Der andere Sicherheitsdienstbeamte grinste von einem Ohr zum anderen.

Wieder im Wachbüro, schwieg ich benommen. Erst später war ich in der Lage, Nel zur Rede zu stellen: »Sie haben mir doch versichert, daß Sie mich entlassen.« Worauf er spitzfindig antwortete: »Ich habe Sie entlassen, wieder verhaftet habe *ich* Sie nicht.«

Ich ließ Koffer, Korb und Thermoskanne mitten im Wachbüro stehen und ging zur Tür, die zum Frauengefängnis führte, wartete, bis man mir öffnete. Die beiden Beamten, die mich wieder verhaftet hatten, folgten mir auf den Fersen. Sie gingen auch nicht fort, als wir zu den Zellen der Frauen kamen, warteten mit mir im Hof auf die Aufseherin. Sie ließen die Zellentür öffnen und befahlen: »Kommen Sie herein, Mrs. Slovo.« Danach schlossen sie eigenhändig die Tür, schoben den Riegel vor. Es war mir noch nie so laut vorgekommen.

✳

James April wurde in Kapstadt während eines nächtlichen Überfalls auf sein Haus verhaftet. Er wurde aus dem Bett geholt, obwohl er grippekrank war, und auf die Wache am Caledon Square gebracht. »…Ich konnte in der Zelle nicht gehen, so klein war sie, höchstens hin und her auf dem Bett. Morgens machte ich anstrengende Freiübungen, abends leichte Gymnastik. Die Anzahl der Vernehmungen während meiner Haft war beachtlich – es waren genau zwei. Als ich mich weigerte, auszusagen, drohte man, mich nach Pretoria zu schicken, und behauptete, die Männer, die in Rivonia gefaßt worden waren, würden hängen. Meine Gefangenschaft in der kleinen Zelle war nervenzermürbend, und nur die unerlaubten Gespräche, die wir Häftlinge miteinander führten, hielten uns aufrecht. Wenn ich nicht in der Bibel las, begannen meine Gedanken unkontrolliert zu wandern. Mein Verstand stumpfte dermaßen ab, ich konnte keinem Gedankengang mehr lange oder tiefgreifend folgen. Die Einsamkeit packte mich … Besonders nachdem B. und L. verlegt worden waren, begann ich, an meiner politischen Überzeugung zu zweifeln. Nach dem ersten fruchtlosen Kreuzverhör durch den Sicherheitsdienst fühlte ich mich müde und zerschlagen. Ich begriff, daß man mich weitere neunzig Tage festhalten konnte, wenn ich mich weigerte zu kooperieren. Diese Vorstellung verfolgte mich … Ich habe keine Nacht wirklich fest geschlafen. Ich wurde vom Geschrei eines Häftlings unsanft aus dem Schlaf gerissen, der im Morgengrauen um Hilfe rief, weil sein Haus in Flammen stehe. Der Mann schrie wie ein Wahnsinniger und wurde tragischerweise am Ende verrückt. Dieser Mann namens William Tsotso wurde monatelang in Einzelhaft gehalten und brach nun schließlich zusammen. Als ich ihn das erste Mal im Waschsaal traf, schien er völlig bei Verstand, ein sympathischer Mann. Später schrie er zwei Tage ohne Unterbrechung und weigerte sich, seine Zelle zu verlassen oder zu essen. Die Polizisten holten keinen Arzt.

Sie behaupteten, er simuliere, um aus dem Gefängnis heraus-
zukommen. Weil Tsotsos Zelle zur Hauptstraße lag, befürch-
teten sie, man könne ihn draußen hören, deshalb baten sie
mich, mit ihm die Zelle zu tauschen. Ich weigerte mich, weil
ich das Manöver durchschaute, doch sie überredeten einen an-
deren Häftling zum Tausch. Inzwischen verschlechterte sich
Tsotsos geistige und körperliche Verfassung rapide, doch die
Wärter behandelten ihn lediglich mit einer Mischung aus
Freundlichkeiten und ungeduldigen Beschimpfungen. Der
Hauptmann, der die Häftlinge inspizierte, reagierte zuerst
zynisch, später fühlte er sich aber gezwungen, einen Arzt hin-
zuzuziehen. Bald darauf wurde Tsotso abgeholt, vermutlich
wurde er nach Valkenberg* gebracht. Ich habe selbst gesehen,
wie Tsotso ausgemergelt auf seiner Matratze lag, er heulte,
und sein Essen stand unangerührt da. Als Tsotso fortgebracht
wurde, schrie er noch einmal wie wahnsinnig.
…Diese tragischen Ereignisse nahmen wir anderen wie ver-
steinert hin… Unsere Moral hatte stark gelitten…
…In Gedanken beschäftigte ich mich mit Nebensächlichkei-
ten… Ich mußte manchmal grundlos lachen, mein Kopf
schien ganz durcheinander …«

John Marius Ferus war einer der ersten Neunzig-Tage-Häft-
linge, er wurde im Mai verhaftet. Der Sicherheitsdienst be-
hauptete, er sei ein Saboteur, irregeleitet von Kommunisten
und Juden. »Wenn wir mit Ihnen fertig sind«, sagte ein Beam-
ter, »sind Sie ein Wrack. Glauben Sie nicht, daß ich spaße, so
wahr mir Gott helfe.« Der Beamte erklärte dem Gefängnis-
vorsteher: »Er ist ein hoffnungsloser Fall.«
»Ich wurde zum Verhör gerufen. Sie sagten, ich hätte eine
bessere Ausgangsposition, wenn ich redete, denn sie wüßten
sowieso bereits viel über mich. Alle meine Freunde, sagten sie,
erzählten ihnen, was sie wissen wollten. Wenn mir meine
Haut lieb sei, solle ich reden. Eine Erfahrung, die ich nach
einem hektischen Verhör machte: Ich hatte des Nachts die
entsetzlichsten Alpträume, wachte manchmal von meinen ei-
genen Schreien auf. Ich brauchte meine ganze Konzentra-
tionsfähigkeit, um meinen Gemütszustand im Gleichgewicht

---

* Eine Nervenklinik am Kap.

zu halten. Was mir während der Verhöre bewußt wurde, war, daß ich am liebsten zu allem ja und Amen gesagt hätte, nur um das Verhör endlich hinter mir zu haben. Doch so einfach war es natürlich nicht ... Die Besuche des Sicherheitsdienstes wurden immer seltener, im letzten Monat der Haft fanden sie nur noch einmal wöchentlich statt. Damals stellte ich fest, daß mich Weinen erleichterte ... Als das Ende der neunzig Tage abzusehen war, wurde ich aufgeregt. Ich sagte mir immer wieder, ich würde bald frei sein, doch in meinem tiefsten Innern glaubte ich nicht daran. Eine Woche vor Haftende besuchten mich die Beamten wieder. Sergeant L. lächelte triumphierend. Er erklärte, sie seien speziell gekommen, um mir eine letzte Chance zu geben. Sie könnten beweisen, daß sie alles wüßten und daß ich dumm sei, wenn ich keine Aussage machte. Ich muß zugeben, daß ich schockiert war und es mit der Angst bekam, weil, was sie mir aus den Akten vorlasen, größtenteils den Tatsachen entsprach. Ich nahm mich zusammen. Im Gegensatz zu der Zeit, in der ich mich auf das Ende meiner Haft gefreut hatte, wünschte ich mir mittlerweile in meiner Zelle, daß das Ende noch fern sei. Das Wochenende verging für meinen Geschmack viel zu schnell. Es wurde Dienstag, und der Vorsteher kam und befahl mir, meine Sachen zusammenzupacken. Ich fragte, ob ich entlassen würde; er antwortete, er wisse es nicht. Ich erhielt meine Sachen zurück und stieg in den Wagen des Sicherheitsdienstes, der auf mich wartete. Man erklärte mir, wir machten lediglich eine kleine Ausfahrt ... Wir hielten an der Polizeiwache in Tulbagh, und man befahl mir, hineinzugehen. Leutnant S. kam uns entgegen. Nachdem er mit meinen Begleitern gesprochen hatte, erklärte er, ich sei entlassen und könne gehen, wohin ich wolle. Ich protestierte dagegen, daß man mich zuerst nach Tulbagh gebracht hatte und dann entließ. Ich fragte, wie ich die sechzig Kilometer nach Hause kommen solle; sie antworteten, das sei mein Problem, nicht ihres ... Als ich die Polizeiwache verließ, bemerkte ich mehrere Polizisten auf der Straße und beschloß deshalb, in die andere Richtung zu gehen. Sobald ich auf der Straße war, begann ich zu laufen. Doch ich kannte mich nicht aus, und die Männer holten mich ein und brachten mich zurück zur Wache, schlossen mich in eine Zelle am hinteren Hof ein. Der Hof war sehr klein und umgeben von einer sechs Meter hohen Mauer ... Sie sperrten mich ein und *gingen fort. Plötzlich war es sehr still, ich war der einzige Gefangene. Ich warf mich auf die Matratze und weinte bitterlich… Der Gedanke an weitere neunzig Tage Haft war zuviel.«*

*

Alleingelassen mit dem Wissen um weitere neunzig Tage Haft, empfand ich nichts als Verachtung und Bitterkeit gegenüber den Beamten vom Sicherheitsdienst, die meine demütigende Schein-Freilassung und anschließende Wiederverhaftung inszeniert hatten. Doch vielleicht zum erstenmal, seit ich im Gefängnis saß, erfaßte mich eine Woge von Selbstmitleid. Ich hatte während des grausamen Theaters kaum etwas gesprochen, weil ich den Beamten nicht die Genugtuung gönnte, Zeugen meines Gefühlsausbruchs zu werden. Instinktiv versuchte ich, mich fest unter Kontrolle zu halten und keinen Ton von mir zu geben, doch ich war an die Grenzen meiner Kraft gelangt. Ich saß auf der Kante meines Bettes, immer noch im marineblauen Kostüm, und schluchzte fassungslos. Meine ›Entlassung‹ hatte am Vormittag stattgefunden; am späten Nachmittag saß ich immer noch in der gleichen Stellung da. Ich zitterte zwar nicht mehr am ganzen Körper, doch in meinem Magen machte sich ein stechendes, beklemmendes Gefühl breit.

Was mich erinnerte. Ich hatte mit meiner Mutter, als die Aufsicht während eines Besuchs nicht hinhörte, flüchtig abgesprochen, daß, wenn ich den Korb mit Essen, den sie mir regelmäßig schickte, einmal nicht annähme, dies ein Zeichen sei, daß ich in Hungerstreik getreten war und sie mir Glukose-Tabletten schicken sollte. Ich konnte die weiteren neunzig Tage Haft nicht einfach über mich ergehen lassen wie eine Erfahrung, die ich ruhig und gelassen hinnahm und die der Sicherheitsdienst mir einfach erteilen konnte. Ich mußte auf meine Lage aufmerksam machen; selbst wenn ich auf der Bahre aus der Zelle getragen würde, wäre die Aufregung der Ärzte und Wärter einer Isolation vorzuziehen, die als normale Existenzform angesehen wurde. Als gegen Abend der Korb mit Essen gebracht wurde, rief ich den Zellenwärter und erklärte ihm, er solle das Essen zurückschicken, da ich es weder jetzt noch an den folgenden Abenden haben wolle.

Hätte ich begriffen, in welchem Zustand ich mich befand; hätte ich geahnt, daß Willenskraft ihre Grenzen hat; hätte ich gewußt, daß der emotionale Schock den Verstand außer Kraft setzt! Dies war nicht die Zeit, einen Hungerstreik zu unternehmen, nicht nach neunzig Tagen Einzelhaft, in denen mein Magen zunehmend schmerzhaft auf meine nervösen Angstzustände reagierte. Ich zeigte keine alarmierend auffälligen Symptome, die den Effekt der Einzelhaft deutlich machten. Ich litt weder unter Klaustrophobie noch an Ohrensausen, ich hörte keine Stimmen, hatte keine Alpträume, sah nicht doppelt, hatte keine Halluzinationen. Ich hatte den Boden unter den Füßen verloren und war dabei die Ruhe in Person; das ganze Ausmaß meines Zustands war mir nicht bewußt. Ich war einsam, ich hatte Angst, ich sehnte mich nach Gesellschaft, ich hatte nicht bedacht, daß meine Situation zu einem Realitätsverlust führen konnte, der weitaus alarmierendere Reaktionen nach sich zog.

Ich lag die ganze Nacht wach. Die Mitteilung, daß B. redete, ging mir unaufhörlich durch den Kopf. Diese Tatsache, so glaubte ich, änderte meine Lage empfindlich. Ich ertrug die Spannung nicht mehr, ich empfand einen unwiderstehlichen Drang zu handeln, keine Zeit mehr zu vergeuden, einen Schritt zu tun, um den Sicherheitsdienst zur Reaktion zu zwingen. Ich hatte das Gefühl, mich aufzulösen, wenn ich weiter stillhielt. Ich mußte etwas tun, um meine Situation zu klären. Wie erfolgreich waren ihre Versuche, Häftlinge zum Reden zu bringen? Was waren ihre Informationsquellen? Wo waren die durchlässigen Stellen? Gab es eingeschleuste Polizeiinformanten? Immer wieder gingen mir die Namen all derer durch den Kopf, die bei den Treffen in Rivonia anwesend waren. Ich wußte von einem Mann, der Informationen weitergereicht hatte; die Männer und Frauen, die er verraten hatte, waren allesamt entweder außer Landes oder in Haft … und ich saß in dieser Zelle. Bei meiner Verhaftung war bekannt gewesen, daß ich in Rivonia war. Es war das zweite gewesen, das man mich bei der zweiten Vernehmung gefragt hatte. Ich hatte einundneunzig Tage im Schwebezustand verbracht, vor mir eine ungewisse Zukunft. Lieber wäre ich verurteilt, als daß ich diese Spannung aushalten mußte. Wie konnte ich meine Umgebung dazu bringen zu reagieren? Einundneunzig Tage hatte ich mich hartnäckig geweigert, auszusagen, hatte beharrlich jeden Versuch unterlassen, sie auf eine Fährte zu locken. Das bereute ich nicht, doch meine Geduld war an ihre Grenzen gelangt. Ich konnte nicht länger dasitzen und abwarten, während um mich herum gehandelt wurde. Ich wollte eingreifen, etwas bewirken. Also würde ich zu verstehen geben, daß mich ihre Fragen nun interessierten. Um herauszufinden, was sie wußten, sagte ich mir. Ich würde mich in Andeutungen wertloser Information ergehen, um Bewegung in die Situation zu bringen. Ich würde auf die wöchentliche Vernehmung warten, und wenn man mich fragte: »Sind Sie bereit, eine Aussage zu machen?«, würde ich meinen Versuch unternehmen. Ich brauchte gar nicht zu warten. Nel kam schon am nächsten Morgen. Ich fühlte mich innerlich wie ausgelaugt.

»Sie sehen, Mrs. Slovo«, erklärte er, »wir haben Ausdauer.«

Wir schwiegen, und dann fragte er mich, ob ich in die Zentrale mitkäme, um auszusagen. Ich sagte zu.

Wie ich hinten im Volkswagen durch die Stadt gefahren wurde, erinnere ich nicht. Nel brachte mich in einen Raum am Ende eines Flurs im siebten Stock. Viktor stand abseits von den anderen. Er schaute mich an und sagte: »Verlieren Sie nicht die Nerven. Kommen Sie, halten Sie durch.«

Ich hörte kaum zu. Ich sortierte mein gesamtes Wissen. In die Kammer mit dem Schildchen »Strengstes Stillschweigen« steckte ich alles, was den Sicherheitsdienst auf die so sehr erhofften heißen Spuren bringen würde – ich wußte viel davon, eine schwere Last. Übrig blieb verflixt wenig: Namen von Leuten, die sicher außer Landes waren; denen nicht mehr zu helfen war, weil sie bereits verhaftet und im Gefängnis waren, über die der Sicherheitsdienst bereits Bescheid wußte. Dazu kamen die Informationen, die wir selbst in unseren Presseorganen veröffentlicht hatten, oder die durch die Massenorganisationen an die Öffentlichkeit gedrungen waren. Die Polizei wußte einiges über mich, ich konnte sie mit vielen Informationen abspeisen, die ihnen aber nicht weiterhelfen würden angesichts der Tatsache, daß B. bereits ausgesagt hatte.

Um mich herum herrschte rege Aktivität, und als ich aufschaute, stellte ich fest, daß Swanepoel Stühle zurechtrückte und ein Tonband aufstellte. »O nein«, sagte ich. »Kein Tonband.« Ein Tonbandgerät sei schneller und genauer, beharrte Swanepoel. Ich spräche nicht aufs Tonband, erklärte ich, es mache mich nervös. Ich weigerte mich. Viktor vermittelte. »Wenn sie kein Tonband möchte, lassen wir es fort«, sagte er. Er werde mitschreiben. Er legte Konzeptpapier zurecht und füllte mehrere Füllfederhalter aus einem Tintenfaß, das er aus einer Schublade holte. Van Zyl trat ein (Nel, Viktor und Swanepoel waren schon da), Van der Merwe ebenfalls. Ich stellte erschrocken fest, daß dies eine Vernehmung von anderem Kaliber sein würde, als die vorherigen. Ich hatte nicht nur Nel oder Viktor oder beide gleichzeitig mit Ausflüchten und Halbwahrheiten in Schach zu halten; dies sollte offensichtlich eine umfassende Vernehmung werden. Zudem erfuhr ich mit Schrecken, daß man mir keine Fragen stellen wollte. Man erwartete eine umfassende Erklärung von mir – von Anfang bis Ende, ohne Auslassungen. Ich wurde aufgefordert, Platz zu nehmen. Ich saß zwischen Viktor – der mit gezücktem Füllfederhalter wartete – und Swanepoel, der eine dicke Akte zutage förderte, die meinen Namen trug *Heloise Ruth Slovo, geborene First*. Langsam und systematisch blätterte er die Stapel Papier durch und machte nebenbei Notizen. Van der Merwe saß neben ihm und schaute ihm über die Schulter, mir ins Gesicht. Van Zyl und Nel saßen lauernd mir im Rücken.

Ich begann langsam und beschwichtigend. Ich erzählte von meinem wachsenden Interesse, meinem ständigen Engagement für Politik – in Südafrika doch das einzig Normale. Wir Weiße, die wir uns an der Seite der Afrikaner, Inder und Farbigen in der Protestbewegung engagierten, führten ein intensives, mutiges Leben. Wir hatten in dieser von Schuldgefühlen geplagten Gesellschaft ein sauberes Gewissen. Doch im Verlauf der Jahre führte unsere kleine Gruppe ein zunehmend schizophrenes Dasein. Wir lebten abgesichert als privilegierte Weiße und gingen gleichzeitig in revolutionärer Politik auf, ergingen uns in der Ablehnung sämtlicher Werte unserer eigenen Rasse. Die Privilegien, die wir unserer Zugehörigkeit zur weißen Rasse verdankten, verloren an Gewicht, verglichen mit den Sanktionen, die wegen unseres politischen Engagements über uns verhängt wurden, als der Kampf an Schärfe gewann.

Ich wurde in Kensington, Johannesburg, geboren und besuchte die *Jeppe Girls' High School*, nicht weit von meinem Elternhaus. Meine Studienjahre waren angefüllt mit Vereinsaktivitäten, Debatten, Tribunalen, Versammlungen und einer Unzahl von politischen Forderungen jener Studentengeneration (häufig Ex-Soldaten des Zweiten Weltkriegs), die das Kriegs- und Nachkriegs-Johannesburg so lebendig machte. An einer südafrikanischen Universität sind die studentischen Themen von Belang immer nationale Themen.

Von wem ich beeinflußt war, wollten sie wissen. Von niemand Bestimmtem? Ich hatte viel gelesen. Ich hatte keine politischen Lehrer. Wir Studenten lernten voneinander, lernten aus dem Geschehen um uns herum. Die Ereignisse in der Mandschurei, in Abessinien, Spanien, Österreich, im Sudetenland hatten eine Generation vor mir stattgefunden, doch sie waren aktuell genug, um uns zu prägen. Ich habe Afrikaner mit Speeren und Bahren in den Krieg ziehen sehen; wir waren erbost, daß die Kriegskosten die Kaufkraft der Löhne senkten, daß die afrikanische Gewerkschaft nicht anerkannt wurde, Streiks von Afrikanern für illegal erklärt und die Streikenden in Massenprozessen verurteilt wurden.

Ich beendete mein Studium der Sozialwissenschaft, doch eine Tätigkeit als Sozialarbeiterin, die arme Weiße in Fordsburg zu betreuen und deren Ausgaben und Abrechnungen zu kontrollieren hatte, schien mir unvorstellbar. Ich fand eine Stelle in der Verwaltung für Soziale Angelegenheiten der Stadt Johannesburg/Forschungsabteilung, doch was die Forschung betraf, wurden meine Erwartungen enttäuscht. Ich verbrachte meine Tage damit, für die Festschrift der Stadt zu ihrem fünfzigsten Jubiläum einen Aufsatz zum Kapitel »Wohlfahrt« zu verfassen (es war das Jahr 1946); ich überprüfte die Zahl der Angestellten auf den Spielplätzen für (weiße) Kinder in den öffentlichen Parks (für Weiße); die Zahl der Bettler, die trotz tatkräftiger Bemühungen der Verwaltung, die Öffentlichkeit vom Almosen-Geben abzubringen, immer noch die Straßen bevölkerten; die Zahl der Arbeitshäuser für Versehrte und Behinderte (Weiße). Der Ehrgeiz des Abteilungsdirektors war groß; er wurde eingeladen, im Radio die Pläne der Verwaltung darzulegen, und ich mußte einen schönfärberischen Arbeitsbericht zusam-

menstellen, der mich langweilte und anwiderte. Als 1946 der
Streik der afrikanischen Bergleute ausbrach und von der Regierung Smuts betrachtet wurde, als handelte es sich dabei um
einen kommunistischen Aufstand und nicht um die Forderungen armseliger Wanderarbeiter nach einem Mindestlohn
von zehn Shilling pro Tag, bat ich den Direktor um ein Gespräch und erklärte ihm, daß ich die Abteilung verlassen
wolle – ohne die übliche Kündigungsfrist einzuhalten. Das sei
unmöglich, versuchte er mir klarzumachen. Dann fragte er
mich: »Haben Sie eine andere Stelle? Was wollen Sie tun,
wenn Sie nicht mehr hier arbeiten?« »Ich will politisch arbeiten«, sagte ich. Am nächsten Morgen erhielt ich die Erlaubnis, ohne Einhaltung der Kündigungsfrist den Dienst zu
verlassen, was einer stillschweigenden Aufforderung des
beunruhigten Direktors gleichkam, so schnell wie möglich zu
gehen.

Die Zeit des Bergarbeiterstreiks war aufregend. Die Streikenden in ihren Compounds wurden von der Armee und der
Bergbau- und Staatspolizei eingeschlossen. J.B. Marks, der
Gewerkschaftspräsident, und alle übrigen Vertreter und Or-
ganisatoren der Afrikanischen Bergarbeiter-Gewerkschaft
wurden von der Polizei verfolgt. Eine große Anzahl Freiwil-
liger aller Hautfarben unterstützte die Gewerkschaft beim
Aufbau von Streikzentren an den unmöglichsten Orten, und
in einem möblierten Zimmer, das ich mit einer Freundin
teilte, lief des Nachts die Vervielfältigungsmaschine, während
in den frühen Morgenstunden weiße Freiwillige mit dem Wagen in die Nähe der Bergarbeiter-Compounds fuhren und
afrikanische Gewerkschaftsorganisatoren ihre Straßenanzüge
und Flugblätter unter farbenfrohen Stammesdecken ver-
steckten und sich heimlich Zugang zu den Compounds ver-
schafften. Sie und die Armee der Wanderarbeiter, die aus fast
allen Ländern der Südhälfte Afrikas zusammengekommen
waren, hielten den Streik eine entscheidende Woche aufrecht,
die in die Geschichte des südafrikanischen Arbeitskampfs
einging. Der Bergarbeiterstreik eröffnete eine neue Periode
des militanten Kampfs und bedeutete einen großen Schritt
vorwärts in der politischen Organisation Afrikas. Die Zeit
der Petitionen und Verteidigungsschriften war ein für allemal
vorüber; der Native Representative Council, die Alibi-Insti-

tution der Regierung, vertagte sich aus Protest über die Auflösung des Streiks und trat nie wieder zusammen.

Als der Bergarbeiterstreik vorüber war, wurde ich Journalistin. Unsere Serie von Zeitschriften – denn eine nach der anderen wurde gebannt, und es gab Zeiten, in denen wir Schwierigkeiten hatten, immer wieder neue Namen für sie zu erfinden – konfrontierte uns, die wir für diese Zeitschriften arbeiteten, mit den entscheidenden Problemen, durch die das Leben des afrikanischen Volks beeinträchtigt wurde: die nicht enden wollenden Polizeirazzien und Verhaftungen; der ständige Versuch, Weiße und Schwarze im Sinne der Rassentrennung voneinander fernzuhalten; die Zwangsarbeit auf den Farmen; tagtäglich eine Flut von Verfolgungen und Beschimpfungen. Manchmal spiegelten unsere Beiträge das Alltagsgeschehen; manchmal enthüllten sie Zustände, die zu neuen Kampagnen führten und unseren Mitarbeitern den Ruf einbrachte, den übrigen Zeitungen in ihrer Berichterstattung voraus zu sein und zu drucken, was anderswo niemand drucken wollte oder konnte.

Ein halbes Jahr vor meiner Verhaftung arbeitete ich noch in der Zeitungsredaktion. Mit den Jahren hatte ich die verschiedensten Anordnungen der Bannung über mich ergehen lassen: Ich durfte Johannesburg nicht verlassen, damit ich keine Fälle von Zwangsarbeit mehr aufdecken konnte wie in meinem Bericht über Bethal; ich durfte keine afrikanischen Townships mehr betreten, damit ich keinerlei persönliche Kontakte zu jenen afrikanischen Männern und Frauen herstellen konnte, die zuerst unsere Redaktion benachrichtigten, wenn ans Tageslicht kam, welch neuen üblen Plan Polizei und Regierung ersonnen hatten. Ich durfte keine politischen Veranstaltungen mehr besuchen, die Berichte und die Fotos mußten andere übernehmen. Schließlich durfte ich nichts mehr schreiben, was zur Veröffentlichung bestimmt war, so daß ich an meinem Schreibtisch saß und die Artikel der Kollegen redigierte in der Hoffnung, so der Zensur ein Schnippchen zu schlagen. In diesem Wirrwarr ministerieller Verordnungen, ständiger Razzien und Observierungen durch den Sicherheitsdienst war die Arbeit ein täglicher Gang durch ein Minenfeld, doch wir überlebten, und unsere Zeitschrift erschien jede Woche. Schließlich hatten die Bannungen bewirkt, daß kein des Schreibens mächtiges oder fähiges Mitglied des Nationalkongresses mehr publizieren durfte; und der Drucker, der letzte, der im Lande noch bereit war, unser notorisch freimütiges Blatt zu drucken, kündigte uns, weil er das Risiko nicht länger auf sich nehmen konnte. Wir verkauften die Zeitung an einen neuen Besitzer in der Hoffnung, er könne ein neues Redaktionsteam zusammenstellen. Erst ein Jahr später würden wir erfahren, daß ›Babla‹ Saloojee, der neue Besitzer, selbst aufgrund des Neunzig-Tage-Haft-Gesetzes ins Gefängnis gebracht und durch die Verhörmethoden des Sicherheitsdienstes dermaßen zur Verzweiflung getrieben worden war, daß er sich in eben diesem Raum, in dem meine Vernehmung stattfand, aus dem Fenster in den Tod stürzte.

Ich erzählte den Beamten, die wie Aasgeier um mich herumhockten, in groben Zügen diese Geschichte, zog sie in die Länge, solange sie geduldig zuhörten, denn wie ich nach diesem Bericht fortfahren sollte, wußte ich nicht. Die Beamten zeigten offenkundig wenig Interesse an dem, was ich berichtete, obwohl Viktor eifrig mitschrieb und zwischendurch einen Beamten ins Archiv schickte, um die exakten Daten festzustellen, zu denen die verschiedenen Zeitschriften gebannt worden waren.

Unsere Zeitschrift hatte von 1950 an über die Serie politischer Streiks berichtet, die Widerstandsaktionen der Bevölkerung in den Städten und auf dem Land; den Hochverratsprozeß – bei dem Joe und ich auf der Anklagebank gesessen hatten –, der mit großem Aufwand der Regierung begann und in Schimpf und Schande endete; den von Mandela angeführten Streik von 1961, den letzten friedlichen Versuch, das Recht der Afrikaner auf Selbstbestimmung geltend zu machen. Bei diesem Streik waren keine Streikposten aufgestellt worden, dennoch wurde er mit den gleichen Panzerwagen niedergewalzt, die bereits ein Jahr zuvor eingesetzt worden waren, als in Sharpville die im hellen Tageslicht bizarr ausgestreckten Leichen der Welt gezeigt hatten, was Nationalistenherrschaft heißt, und den Südafrikanern demonstrierten, daß Terror nicht mit sponanter Wut und emotionalen Appellen an die Unterdrücker zu bekämpfen war. Am Dingaans-Tag, dem 16. Dezember 1962, als die afrikaanse Bevölkerung Volkstänze aufführte und ihren Sieg über die militärische Übermacht der Zulus in der Schlacht am Blood River in Natal feierte, annoncierte eine neue Organisation *Umkonto We Siswe* (Der Speer der Nation) an den Plakatsäulen ihre Gründung; und Molefe wurde das erste Opfer der Sabotage, als in seinen Händen eine Bombe explodierte, die die neue Offensive eröffnete. Nun gab es keine öffentlichen Versammlungen mehr, bei denen die Männer des Sicherheitsdienstes Redner und Zuhörer fotografierten; die Polizei mußte sich ihre Informationen besorgen, indem sie Telefongespräche abhörte, Leute auf dem Weg zu Versammlungen observierte, Informanten einschleuste. Mit wenig Erfolg. Bis Vorster das Neunzig-Tage-Haft-Gesetz erließ – neunzig Tage oder eine Ewigkeit für jeden, der von der Polizei verdächtigt wurde, im Besitz von Informationen zu sein.

Bevor wir in den Untergrund gezwungen wurden, war ich bei der Zeitung aktiv gewesen, und ich war aktives Mitglied im Kongreß der Demokraten, der als Schwesterorganisation des Afrikanischen Nationalkongresses die feste Front der weißen Gegner brechen sollte und in dem sich diejenigen Weißen zusammengeschlossen hatten, die die Anti-Apartheid-Politik unterstützten. Ich war im Ausland zu den Gründungskonferenzen der Weltvereinigung der Demokratischen Jugend und der Internationalen Studentenunion gewesen; ich hatte die Sowjetunion und China besucht (und England, Italien, Jugoslawien, Deutschland und Frankreich) und hatte Bücher darüber veröffentlicht.

Warum ich während des Notstands nach Sharpville 1960 nach Swaziland geflohen sei, wollte einer der Beamten wissen. »Weil Sie mich ohne Anklage oder Gerichtsverfahren festgehalten hätten, wie Sie es mit 1800 anderen getan haben«, sagte ich. Der Sicherheitsdienst wußte genau, daß ich während des Notstands in Swaziland war. Was er nicht wußte, war die Tatsache, daß ich in der zweiten Hälfte dieser Zeit in Johannesburg untergetaucht war, und ich verriet es auch jetzt nicht.

Ich gestand, daß ich während der ganzen Zeit, in der mir sämtliche politischen Aktivitäten verboten waren, Versammlungen besucht hatte. Ich konnte ihnen sogar verraten, was ich in Rivonia zu tun hatte. Ich war bei einem Treffen anwesend, einer Versammlung von Aktivisten des Nationalkongresses, die die politischen Aktivitäten der verschiedenen Divisionen der Kongreßbewegung diskutierten und aufeinander abstimmten. Ich war aus dem gleichen Grund wie die Vertreter des Sicherheitsdienstes in Rivonia gewesen. An diesem Punkt horchte Viktor auf. Ich war damit beschäftigt, Informationen zu sammeln. Weil ich schreiben wollte. Ich benötigte Interviews mit den alten Kongreßmitgliedern, was mir durch die Bannung nicht unter normalen Umständen möglich war. Ich unternahm regelmäßige Versuche, die Veteranen der Bewegung in ihren Hauptquartieren zu treffen, um sie über ihr Leben und ihren politischen Kampf zu befragen.

Swanepoel machte sich die ganze Zeit Notizen. Viktor beschrieb einen Bogen nach dem anderen. Die anderen hörten zu. Gegen Ende begannen sie, mich mit Fragen zu überhäufen.

Wer im *Fighting Talk*-Artikel unter dem Pseudonym XXX veröffentlich hatte? Ich, gestand ich. (Obwohl es nicht stimmte.)

Was wußte ich über Turok, der wegen Sabotage verurteilt wurde, weil er in einem Postgebäude eine Bombe gelegt hatte?

»Darüber weiß ich auch nur, was in den Zeitungen stand«, sagte ich. »Sie hätten meinen Mann fragen sollen, er war einer der Verteidiger, doch dazu ist es nun zu spät, weil er nicht mehr hier ist.«

»Was unternahm Ihr Mann, wenn er jeden Abend ausging?«

»Ich habe keine Ahnung, ich habe es mir zur Regel gemacht, ihn nie nach seinen Aktivitäten zu fragen.«

»Waren Sie in Sabotageakte verwickelt?« Damit hatte ich niemals etwas zu tun und wußte darüber auch nichts, gar nichts. Mit Sabotage hatte ich niemals etwas zu tun.

Wen hatte ich heimlich am häufigsten getroffen? A. und E. und L., sagte ich. (Alle für den Sicherheitsdienst unerreichbar.)

Wo die Treffen stattgefunden hatten? Bei mir zu Hause, in meinem Wagen, auf einem abgelegenen Parkplatz, bei D. zu Hause (lange außer Landes.)

»Ist das nicht eigenartig«, sagte Viktor. »Jede der Personen, die Sie nennen, hat das Land verlassen.«

»Vielleicht hatten sie gute Gründe dazu«, konterte ich leise.

»Was wurde in Ihrer Anwesenheit bei den Treffen in Rivonia besprochen?« Die Situation der Presse, mein Hauptanliegen, sagte ich. Die allgemeine politische Lage. Die Gewerkschaftsbewegung. Ich antwortete ausweichend und desinteressiert, als sei ein Treffen dem anderen zum Verwechseln ähnlich gewesen und die Tagesordnung immer die gleiche.

Meine Erklärung war für den Geschmack der Sicherheitsdienstbeamten unerwartet früh beendet. Ich weiß nicht, warum ich so erschreckend langsam reagierte. Ich hatte eingangs beschlossen, nur wenig von mir zu geben; erst zu diesem Zeitpunkt begriff ich, wie sehr ich mich in meine Geschichte verstrickt hatte. Ich konnte mich nicht mehr winden und wenden, konnte nichts konstruieren, nichts provozieren, nichts für mich herausfinden. Ich selbst hatte meine eigene Position, meinen Widerstand geschwächt. Es war Wahnsinn, anzunehmen, ich könnte mich selbst in einer solchen Sitzung schützen. Ich hatte keine Ahnung, was sie wußten, welche widersprüchlichen Antworten sie anderen Häftlingen abgerungen hatten. Sie ließen nichts heraus; dazu hatten sie zuviel Erfahrung.

Es war bereits Nachmittag. Viktor erklärte, für heute sei es genug. Er verließ das Zimmer. Swanepoel ordnete seine Notizen, heftete sie zusammen und lehnte sich auf seinem Stuhl zurück.

»Sie glauben nicht im Ernst, daß dies eine Aussage war?« donnerte er. »Sie haben uns nichts, aber auch gar nichts erzählt. Sie haben nicht einmal angefangen zu reden. Diese Notizen sind vollkommen wertlos. Über das Treffen in Rivonia wissen wir schon alles. Es war ein Treffen ausgewählter Leute aus allen Teilen des Landes. Mandela war anwesend, die *crème de la crème*. Sie waren dort die einzige Frau … Und Sie versuchen, uns vorzumachen, Sie wüßten von nichts, Sie erinnerten sich an gar nichts, und tun so, als sei dort nichts geschehen, was der Erwähnung wert sei. Wir wissen alles über Sie. Sie wären überrascht, wenn Sie wüßten, was wir alles wissen. Sie sind in alles mögliche tief verwickelt. Sie können von Glück reden, daß wir in unserem Land die Frauen immer noch achten. Wir hätten Sie im Rivonia-Prozeß vor Gericht stellen können. Aber wir wollten keine Frau dabei haben. Was Frauen angeht, lassen wir viel zu viel durchgehen.

Wir haben uns genau ausgesucht, wen wir anklagen … Wir haben uns auch unsere Zeugen ausgesucht …«

Swanepoels Gesicht war vor Erregung puterrot geworden. Die anderen Beamten standen um uns herum und beobachteten mich.
»Sie waren von Anfang an in diese Geschichte in Rivonia verwickelt. Außerdem besitzen wir eine eidesstattliche Erklärung, daß Sie es waren, die Jelliman bezahlt hat.«
»Ich habe Jelliman bezahlt?« wiederholte ich ungläubig.
»Ja, Sie haben Jelliman bezahlt. Ein Zeuge hat es unter Eid ausgesagt.«
Jelliman war ein alter Mann, der auf dem Rivonia-Besitz gearbeitet hatte, als Mandela sich dort unter dem Decknamen ›Black Pimpernel‹ versteckt hielt. Ich kannte Jelliman noch aus den Zeiten der Legalität; wir hatten einander in Rivonia gesehen; Geld hatte ich ihm niemals gegeben.
»Was war mit Schermbrucker?« »Wir haben jahrelang in der gleichen Redaktion gearbeitet. Sonst noch etwas?«
»Was war mit Beyleveld? In ihrem Scheckbuch lag eine Quittung von ihm.« »Seine Frau hat ein Schreibbüro, sie hat oft für mich gearbeitet.«
»Was war mit Fischer?« »Bram ist ein guter, ein sehr guter Freund von mir, ein wunderbarer Mann – Gott sei Dank wenigstens einer, der den Afrikaandern alle Ehre macht.«
Swanepoel tobte wieder. »Ich kenne mich mittlerweile mit euch Kommunisten aus. Ich bin mit Dutzenden von eurer Sorte fertig geworden. Und habe dabei begriffen, daß man euch in die Enge treiben und ausquetschen muß, unter Druck setzen und ausquetschen. Dann erst ändert ihr eure Meinung und fangt an zu reden.«
Der Ausbruch Swanepoels brachte mich endgültig zur Besinnung, und mir fiel es wie Schuppen von den Augen. Vielleicht spürte Swanepoels Bundesgenosse es; der aspirinschluckende geschniegelte Van Zyl unterbrach Swanepoel, bevor er seinen nächsten Anfall bekam. Es sei spät, erklärte er. Ich sei sicher müde. Man solle mich zum Marshall Square zurückbringen. Morgen gehe es weiter.
Erst als ich zum Marshall Square zurückkehren sollte, erschien Viktor wieder. Ich sagte ihm und den übrigen Anwe-

senden, daß dies die erste und letzte Aussage sei, zu der ich bereit gewesen sei. Sie behaupteten, ich hätte Jelliman bezahlt, und angeblich gebe es eine eidesstattliche Aussage diesen Inhalts. Dabei beweise dies nur die Qualität der Zeugenaussagen, die sie gesammelt hätten. Gefangene würden unter dem Druck anhaltender Haft alles aussagen, um sich Straffreiheit zu erkaufen, und ich sei mir sicher, daß von den Bergen von Aussagen, zu denen sie ihre Opfer gezwungen hatten, viele falsch seien. Ich müsse mich vor ihrer Verfolgung auf die einzige mir als wirksam bekannte Weise schützen: nämlich durch mein Schweigen. »Bis morgen«, sagten sie. »Bis morgen.«

Man fuhr mich zum Marshall Square zurück. Ich fühlte mich zerschlagen, todmüde. Doch ich konnte nicht schlafen. Mir war so klar gewesen, daß ich keine Aussage machen durfte, egal wie einsam und ausgehungert nach Informationen ich war, es war mir ein Rätsel, wie ich etwas anderes hatte denken können. Die ganze Nacht ging mir nichts anderes durch den Kopf, buchstäblich immer nur die beiden Worte: KEINE AUSSAGE KEINE AUSSAGE KEINE AUSSAGE: Ich begriff, daß ich etwas essen mußte, vielleicht hatte mein überstürzter Hungerstreik dazu beigetragen, mein Urteilsvermögen außer Kraft zu setzen.

Am nächsten Morgen ließ mich Viktor wieder aus meiner Zelle holen. Als ich ihm auf dem Flur begegnete, erklärte ich: »Ich komme nicht noch einmal mit. Ich mache keine Aussage mehr.« »Sie kommen nicht mit?« fragte er. »Wie schade. Ihre Mutter erwartet Sie dort. Oberst Klindt hat ihr gestattet, Sie zu sehen.«

Ich konnte diesen Besuch nicht ablehnen. Van der Merwe begleitete Viktor, er fuhr den Wagen, und auf der Fahrt durch die Stadt sagte er: »Warum tragen Sie heute keinen L…«, beendete den Satz jedoch nicht. Ich wußte, was er fragen wollte. Warum ich mir nicht die Lippen geschminkt, kein Make-up benutzt hatte. Es war das erste Mal seit meiner Verhaftung – abgesehen vom allerersten Tag, als man meinen Kosmetikkoffer konfisziert hatte –, daß ich jemandem ohne Make-up gegenübertrat. Ich hatte es an diesem Morgen einfach vergessen. Viktor beaufsichtigte das Gespräch mit meiner Mutter, es war das erste Mal, daß ein Beamter, der mich

sonst verhörte, offenbar beobachten wollte, welchen Effekt
der Besuch meiner Mutter auf mich hatte, wie wir miteinander umgingen. Meine Mutter war erschrocken, doch sie hatte
sich wie immer fabelhaft unter Kontrolle. Wir unterhielten
uns über die Kinder, über den Gesundheitszustand meines
Vaters und daß er in England in Sicherheit sei, über ihr Haus,
das sie verkaufen wollte, da sie für die nächste Zeit wahrscheinlich bei mir wohnen würde. Nach zwanzig Minuten
erklärte Viktor das Gespräch für beendet, doch er erlaubte,
daß wir uns umarmten. »Hälst du durch?« flüsterte meine
Mutter, und ich nickte. »Wir verlassen uns auf dich«, sagte sie
und mußte dann gehen. Nachher fragte Viktor, was sie mir
zugeflüstert hatte, und ich antwortete: »Nur Mut!«
Viktor setzte sich anschließend an seinen Schreibtisch und zog
das Protokoll vom Vortag hervor, damit ich ihm weiter diktie-
ren solle. Ich erklärte, ich würde nichts mehr aussagen. »Sie
sind aber noch nicht fertig, erzählen Sie nur zu Ende«, lud er
mich ein. Ich weigerte mich. Ich gab verworrene Gründe an:
Ich fühlte mich in einem Netz von Aussagen gefangen, die sie
von anderen über mich erhalten hatten, Aussagen, die unwahr
waren. Jelliman sei dafür ein Beispiel. Ich traute dem Sicherheitsdienst nicht und würde mich deshalb nicht in seine Hände
begeben; man wolle mich nur in eine Falle locken.
»Aber wir sind an Ihnen gar nicht interessiert«, beharrte er.
»Was Sie über sich erzählen, können wir nicht verwenden.
Wir wollen lediglich wissen, was Sie wissen. Sie sind da vollkommen sicher.«
Wir stritten darüber, bis ich wieder völlig erschöpft war.
Bevor Viktor aufgab und mich zum Marshall Square zurückbrachte, beugte er sich über den Schreibtisch und sagte ver-
traulich: »Es gibt einen besonderen Grund, warum ich
möchte, daß Sie Ihre Aussage beenden und machen, daß Sie
hier herauskommen. Jetzt kann ich Ihnen den Grund nicht
sagen, aber vielleicht ein andermal.«
Am folgenden Morgen kam Viktor wieder, um mich abzuholen. Ich weigerte mich, mitzukommen. »Ihre Schwägerin
wartet auf Sie«, sagte er.
Es war das erste Mal, daß Clarice eine Besuchserlaubnis erhalten hatte; also ging ich wieder mit. Nel war bei unserem
Gespräch anwesend und schien überrascht, als ich sagte:

»Oh, Clarice, sie werden mich niemals hier herauslassen, paß auf. Sie lassen mich einfach nicht gehen.«

Als Clarice fort war, sagte Viktor, er habe ein Treffen mit Oberst Klindt arrangiert. Da er, Viktor, mich nicht davon überzeugen könne, daß der Sicherheitsdienst nicht an mir interessiert sei, sondern nur daran, was ich über andere wisse, wollte der Oberst mich persönlich sprechen. Der Oberst trank gerade Kaffee und ließ mir eine Tasse bringen; er holte eine Dose aus dem Schrank gegenüber seinem Schreibtisch und bot mir Kekse an, selbstgebacken, von seiner Frau. Er war bereit, mir zu versichern, daß niemand Interesse daran hatte, Beweismaterial gegen mich zu sammeln; ich würde bald frei sein, wenn ich meine Aussage vervollständigte. Er selbst würde auf dem schnellsten Wege meine Haftentlassung einleiten; falls ich aus irgendwelchen Gründen nicht auf der Stelle freigelassen würde, würde er persönlich den Minister um Aufklärung bitten, dafür bürge er mit seiner Stellung und seinem Amt. Ich wiederholte, daß der einzige mir bekannte Weg, mich in der Haft zu schützen, mein Schweigen sei. Klindt wiederholte seine Versicherungen und schlug vor, ich solle mir die Angelegenheit noch einmal durch den Kopf gehen lassen. Er erklärte, man habe ihm über Swanepoels Verhalten am ersten Tag Bericht erstattet und er habe ›Schritte dagegen‹ unternommen. Er billige weder, daß seine Männer schrien, noch, daß sie unhöflich würden, versicherte er.

Oberst Klindt demonstrierte guten Willen. Auf seinem Schreibtisch lag ein Penguin-Kreuzworträtselbuch, auf dem in der Handschrift meiner Mutter mein Name stand. Bestimmt lag es schon monatelang dort. Er griff danach, blätterte darin und überreichte es mir. »Wir sind schließlich keine Unmenschen«, erklärte er. Dann fiel ihm offensichtlich etwas ein. »Haben Sie etwas zu schreiben?« fragte er. Ich hatte nichts zu schreiben. Er holte aus einem Nebenzimmer zwei Stifte, beide mit dem Aufdruck EIGENTUM DER SÜDAFRIKANISCHEN ADMINISTRATION, und er beauftragte Viktor, dafür zu sorgen, daß sie für mich angespitzt wurden.

Als wir das Büro des Oberst verließen, sagte Viktor, der die ganze Zeit strammgestanden hatte, er habe noch nie erlebt, daß ein Oberst oder jemand in ähnlicher Position mit seiner Stellung für einen Gefangenen gebürgt habe wie Klindt eben für mich.

Er brachte mich in sein Büro, in dem sonst niemand war. Ich sagte ihm, er vergeude seine Zeit und Geduld, ich würde nichts weiter aussagen. »Unterschreiben Sie diese Aussage hier?« fragte er. Ich weigerte mich. »Würden Sie sie gern zerreißen?« fragte er. »Ja«, sagte ich, und er lachte und schob die Akte in seine Schublade. »So wie Sie ausgesehen haben, wußte ich sofort, was Ihnen durch den Kopf ging«, sagte er. Ich betonte, ich wolle mich in keinem Fall belasten. Ob ich mir deshalb immer noch Sorgen machte? Allerdings, erwiderte ich. »Wenn wir Sie freilassen und nach Hause bringen, sagen Sie dann aus?« schlug er mir vor. Ich dachte nach. »Nein«, sagte ich. »Sie lassen mich frei, aber Sie können mich immer wieder verhaften.«

Viktor sagte: »Das ist nicht der wirkliche Grund. Sie halten einfach an Ihren Idealen fest.«

Van der Merwe kam ins Büro, und die beiden fuhren mich zur Wache. Sie fragten mich, ob ich Lust hätte, ein bißchen durch Johannesburg zu fahren, einen Umweg durch die Stadt zu machen, vorbei am neuen Bahnhof, dem größten öffentlichen Park und dem Universitätsgelände. Johannesburg habe sich verändert, seit ich ›saß‹, klärten die beiden mich auf. Ausländische Investoren zeigten offensichtlich Vertrauen in die Regierung der Nationalen Partei, im Gegensatz zu mir; auf einem ehemaligen Brauereigelände wurde für mehrere Millionen Pfund ein Hotelkomplex errichtet. Viktor und Van der Merwe hofften, die Fahrt mache mir Spaß. Sie machte mir keinen Spaß. Ich war tief in Gedanken, bis mir durch den Kopf ging, daß jemand mich sehen konnte, wie ich mich im Wagen des Sicherheitsdienstes durch die Gegend fahren ließ, und daraus folgerte, daß ich ausgepackt hatte und nun auf der anderen Seite stand. Ich verlangte, daß man mich zur Wache brachte. Die beiden Beamten folgten diesem Wunsch, nebenbei schlugen sie mir vor, mich abends einmal ins Drive-in-Kino auszuführen.

Ich war über den Verlauf der letzten drei Tage entsetzt. Sie hatten mich geschlagen, und ich hatte ihnen dazu verholfen. Ich hatte mich gerade noch rechtzeitig vor dem Abgrund gerettet, aber war es wirklich noch rechtzeitig gewesen? Ich war emotional erpreßbar, und der Erpresser war ich selbst. Der Sicherheitsdienst hatte drei Monate lang nach durchlässigen Stellen in meinem Panzer gesucht, und nun hatten sie die ersten gefunden und forschten nach weiteren. Manche, vielleicht sogar viele meiner Schwächen waren dem Sicherheitsdienst klargeworden; wenn sie die übrigen ebenfalls erahnten, wären meine Reserven bald verbraucht. Ich konnte nicht mehr beharrlich an meiner Weigerung festhalten, diese Möglichkeit hatte ich verspielt. Für stoisches Insistieren, daß sie aus mir kein Wort herausbringen würden, war es nun zu spät. Ich hätte gern gesagt: »Scheren Sie sich alle zum Teufel, die Vorstellung, daß ich auspacken könnte, hat mich fast um den Verstand gebracht«, doch das ging auch nicht. Mir war kaum Energie geblieben, den nächsten brutalen Angriff auf meine empfindlichste Stelle zu überstehen. Und diese Stelle war meine Selbstachtung, um die ich in der Hoffnung kämpfte, das Vertrauen meiner politischen Freunde zu rechtfertigen. Viktor vermutete es; doch vielleicht war er sich nicht völlig sicher, ob dies der Punkt war, an dem man mich angreifen sollte. Wenn er nur annähernd ahnte, was in meinem Kopf vorging, dann wußte ich, der Sicherheitsdienst würde verbreiten, daß ich ausgesagt und ›alles‹ ausgepackt hätte, daß ich gebrochen und nutzlos unter Druck alles von mir gegeben hätte. Ich stand kurz vor dem Zusammenbruch, nicht aus Angst vor dem, was mir womöglich physisch bevorstand – die zahllosen leeren Tage in Haft –, sondern es war eine bohrende, häßliche Angst, daß der Sicherheitsdienst fähig war, mein Ansehen bei den Menschen zu zerstören, deren Verständnis und Unterstützung ich am meisten brauchte; dann gäbe es für mich keinen Sinn mehr zu leben. Ich hatte diese nutzlose Aussage nicht unterschrieben, doch sie lag in Viktors Schublade, war sicher bereits vervielfältigt, auch schon in andere Akten eingeheftet, damit man sie anderen Häftlingen, die schwiegen, vorhalten konnte. »Was nützt es, durchzuhalten, hier ist eine, die ist zusammengebrochen und hat alles erzählt.«

Also bemühte ich mich, nicht durchblicken zu lassen, in welchem inneren Aufruhr ich mich befand, ich überhörte Viktors Feststellung, ich bliebe offensichtlich meinen Idealen treu. Ich wiederholte zusammenhanglos immer nur den einen Satz, ohne Rücksicht auf den Stand der Diskussion. Ich könne nichts mehr aussagen, weil ich mich nicht belasten wolle, beharrte ich, und sie würden bestimmt einen Weg finden, meine Aussagen gegen mich zu verwenden. Ich beschloß, das hirnlose, ängstliche Mädchen zu spielen, daß keinen logischen Satz von sich geben kann und unfähig ist, seine Gedanken zusammenzuhalten und ein Problem zu erfassen.

Die Kooperation, die ich kurzfristig an den Tag gelegt hatte, hatte niemanden überzeugt; würde der Sicherheitsdienst dann auf dieses Spiel hereinfallen? Viktor hatte gesagt: »Ich habe mich gefreut, Sie kennenzulernen. Es hieß, Sie seien ein zäher Brocken.« Doch am Tage meiner letzten Sitzung in der Zentrale hatten er und Van der Merwe in meinem Beisein über mich festgestellt: »Sie ist ein nettes Mädchen.«

Das Problem war, daß ich selbst nicht an dieses Spiel glaubte. Früher hatte ich mich in meiner Zelle immer in den Schlaf flüchten können, das konnte ich auf einmal nicht mehr. Außer mit meiner Schlaflosigkeit hatte ich mit Übelkeit und Durchfall zu kämpfen. Vermutlich waren das psychosomatische Angstreaktionen, doch es war eine Angst, die sich verselbständigt hatte und die ich mit eigenen Mitteln nicht mehr zähmen konnte. Ich verlangte, daß mein Hausarzt mich besuchen dürfe. Zuerst schickte man mir einen Gefängnisarzt, einen jener wichtigtuerischen, durch Polizeiverordnungen in ihrer Berufsausübung geknebelten Männer, die hastige Visiten in Gefängniszellen abstatteten und ansonsten damit beschäftigt waren, Betrunkene Gleichgewichtstests zu unterziehen – sie auf einer weißen Linie gehen zu lassen – oder reihenweise Urlauber gegen Pocken, Cholera und Gelbfieber zu impfen. Der für mich zuständige Arzt gehörte noch zu den angenehmeren Vertretern seines Berufsstandes; er stimmte mit mir überein, daß mein Hausarzt hinzugezogen werden sollte, und schrieb zu diesem Zweck eine Erlaubnis oder Überweisung. Mein Arzt kam und strahlte große Ruhe und Normalität aus, doch ich hatte Angst, ihn politisch in etwas hineinzuziehen, wenn ich ihm zu exakt berichtete, warum mein Zustand dermaßen überreizt war. Er verordnete mir ein Mittel gegen mein Magengeschwür und gab mir ein Röhrchen Schlaftabletten. In meinem Besitz befand sich das Kreuzworträtselbuch, und ich hätte darin schwelgen, alle Rätsel hintereinanderweg lösen können; doch ich rationierte das Vergnügen und gestand mir nur ein Rätsel pro Tag zu. Das Buch war mir als Anreiz gegeben worden, meine Aussage zu vervollständigen, doch da ich das nicht beabsichtigte, würde man es mir über kurz oder lang wieder abnehmen. Bis dahin wollte ich den Genuß so lange wie möglich ausdehnen, denn mittlerweile war ich überzeugt, daß ich keine andere Wahl hatte, als mich auf eine unbefristete Haftzeit einzurichten. Haft in alle Ewigkeit. Niemals zuvor hatte mich ein solcher Fatalismus ergriffen.

Die Tage waren grau und trübsinnig. Die Stunden, die ich auf dem Hof verbrachte, nahm ich kaum wahr. Meinen völligen Zusammenbruch hatte ich verhindert, doch ich fühlte mich so schlecht wie nie in meinem Leben. Der Gedanke an die Schande, die ich durch meine Aussage über mich gebracht hatte, verfolgte mich, auch wenn es nur der Beginn einer Aussage gewesen war. Ich war immer davon überzeugt gewesen, daß ich nichts von mir geben würde: Je mehr man von sich gibt, desto mehr wollen sie von einem wissen. Ich hatte nichts verraten wollen, doch woher wußte ich, daß ich es nicht doch getan hatte? Ich konnte keinem erklären, wie es dazu gekommen war, es war nicht wiedergutzumachen. Joe hatte mir zu zeigen versucht, daß mein Schwachpunkt mein extremes Bedürfnis nach Bestätigung und meine Angst vor Ablehnung und Kritik sei. Hatte ich mich deshalb dazu verleiten lassen, auszusagen? Oder war es wieder meine Arroganz gewesen, meine Überheblichkeit, anzunehmen, die Erfahrungen anderer bei früheren Verhören würden für mich nicht gelten, ich könne auf eigene Faust handeln? Mein selbstbewußtes Auftreten hatte mir immer geholfen, andere darüber hinwegzutäuschen, wie angreifbar und verletzlich ich war. Es hatte oft funktioniert, doch jetzt half es mir überhaupt nicht. Ich hatte mich über meinen Zusammenbruch mit einer Mischung aus Klugheit und äußerster Fehleinschätzung hinweggerettet. Meine Überheblichkeit und Egozentrik hatten mich endlich zugrunde gerichtet. Ich hatte den Sicherheitsdienst im eigenen Lager überlisten wollen. Was hatte ich erhofft zu erfahren? Hatte ich mir vorgestellt, Akten achtlos auf Schreibtischen verstreut liegen zu sehen, Namen von Informanten zu erfahren? Hatte ich gedacht, der Sicherheitsdienst würde mich ködern, indem er mir erzählte, was er schon alles wußte? Ich war dumm gewesen. Schwach. Eine Versagerin. Wie eine Spinne hatte ich mich in meinem eigenen Netz verfangen und war im Kopf nun dermaßen verwirrt, daß ich mich nicht mehr befreien konnte. Ich fühlte mich unvorstellbar müde und mutlos. Ich war nicht mehr fähig zu handeln, war nicht mehr in der Lage, Fakten richtig einzuschätzen. Die mir helfen konnten, waren unerreichbar fern, sonst hatte ich niemanden. Ich verbrachte den ganzen Sonntag damit, ein Kreuzworträtsel zu lösen, doch in Gedanken war ich abwesend. Ich faßte einen Entschluß. Der Sicherheitsdienst war zweifellos damit beschäftigt, meine Persönlichkeit zu zerstören: Wenn ich mich auch aus Loyalität meinen Freunden gegenüber weigerte auszusagen, der Sicherheitsdienst würde schießlich doch meinen Widerstand brechen, indem er mich in geschickten Andeutungen wissen ließ, daß meine Freunde mich bereits fallengelassen hatten, weil ich eine Verräterin war. Dafür würde der Sicherheitsdienst sorgen. So fallengelassen zu werden war mir eine unerträgliche Vorstellung. Und bis es passierte, konnte ich mein Leben nicht mehr aushalten. Also gab es nur einen Ausweg, bevor ich mich selbst in den Wahnsinn trieb, es gab nur einen möglichen Beweis, daß der Sicherheitsdienst mich nicht besiegt hatte. Ich quälte mich im Gedanken an die Kinder, doch wie konnte ich ihnen als psychisches Wrack nützen? Auf das Deckblatt des Kreuzworträtselbuchs schrieb ich mit dem Stift, der Eigentum der südafrikanischen Administration war, einen kurzen Brief, in dem ich um Verzeihung für meine Feigheit bat und den Kindern meine Liebe versicherte. Ich schrieb Joe ein paar Worte, die er verstehen würde, und versicherte, daß ich nicht nachgegeben hatte, daß die Freunde, die noch in Freiheit waren, nichts zu befürchten brauchten und in der Gewißheit, daß ich keine ihrer Geheimnisse verraten hatte, weiterkämpfen sollten. Nach der letzten Nachtinspektion nahm ich das Röhrchen Schlaftabletten (das die Aufseherin an jenem Tag, als mich der Gefängnisarzt und mein Hausarzt besuchten, versehentlich in der Zelle gelassen hatte) und schluckte sämtliche Tabletten.

Ich hatte mir niemals Gedanken über das Sterben gemacht, ich weiß nicht, welche Gefühle ich erwartete, als ich wieder zu mir kam. Ich hatte nicht den Eindruck, meiner eigenen Auferstehung beizuwohnen; ich hatte lediglich eine konfuse Vorstellung von dem Ort, der Zeit, der Situation, in der ich mich befand. Ich glaubte, weit fort gewesen zu sein, doch ich befand mich immer noch in derselben Zelle. Die Tatsache, daß mir mein Vorhaben mißlungen war, nahm ich als selbstverständlich hin. Die Ungeheuerlichkeit dessen, was ich versucht hatte, ließ mich völlig kalt. Vielleicht war es immer noch der gleiche Tag, vielleicht ein Tag später, doch dann stand mit einemmal der Gefängniskommandant mit der Aufseherin in meiner Zelle.

»Wollen Sie einen Arzt?« fragte er. Ich nickte.

»Wozu? Ich meine, was fehlt Ihnen? Kopfweh? Magenschmerzen? Ich muß etwas ins Buch eintragen.« Tüchtig hatte Dienst: »Es sind die Nerven«, sagte sie kurzum.

Nicht viel später überkam mich ein unkontrollierbarer Weinkrampf. Ein Gefängnisarzt kam, aber ihm wollte ich nicht sagen, was mir fehlte, und er ging unverrichteter Dinge wieder fort.

Vielleicht hatte man überall auf der Wache mein Weinen gehört, oder Viktor schnüffelte wie üblich gerade herum, jedenfalls stand er mit einemmal vor meinem Bett. Er zog ein Taschentuch aus der Tasche und reichte es mir.

Tage danach warf ich ihm vor, daß er meine Zelle betreten hatte, obwohl ich im Bett lag. »Ich mußte herausfinden, was nicht in Ordnung war.« Einige Tage später fragte er: »Trugen Sie eigentlich ein Nachthemd oder einen Schlafanzug?«

Im Durcheinander des Erwachens aus einem komaähnlichen Betäubungszustand fiel mir der Abschiedsbrief auf dem Deckblatt des Kreuzworträtselbuchs ein; ich zerriß ihn und warf die Papierfetzen in die Toilette.

Das Schlucken der Schlaftabletten hatte mich ein für allemal davon kuriert, diesen Akt zu wiederholen. Die Zeit hatte ich völlig aus den Augen verloren, und selbst das Interesse an meinem Wandkalender oder dem Kalender, den ich hinter das Revers meines Morgenmantels gesteckt hatte, war erloschen. Dennoch kam ich Schritt für Schritt langsam wieder ins Gleichgewicht. Ich erreichte einen Besuch meines Hausarztes und erzählte ihm, daß ich die Tabletten geschluckt hatte. Er war der einzige, dem ich im Gefängnis überhaupt davon erzählte, und nach meiner Entlassung erzählte ich es ebenfalls kaum jemandem. Der Arzt schien nicht verwundert, daß die Tabletten nicht gewirkt hatten. »Sie glauben doch nicht, daß ich so dumm bin, Ihnen eine solch hohe Dosis hierzulassen?« fragte er, und ich konnte über meine eigene Dummheit lachen. »Ich bin auf dem besten Wege zum Zusammenbruch?« fragte ich, und er sagte: »Sie haben ihn schon hinter sich.« Er schlug vor, ich solle den Gefängnispsychiater kommen lassen. Doch ich gab zu bedenken, daß, wenn ich ihn als Vermittler in Anspruch nähme, ich ihm auch die Ursache meiner Angstzustände schildern müßte. Ich war entschlossen, nichts zu unternehmen, wodurch Viktor oder Klindt oder sonst ein Angehöriger des Sicherheitsdienstes auf meine Schwäche hingewiesen wurde; der Bericht des Gefängnispsychiaters würde bestimmt in der Akte des Sicherheitsdienstes landen und als ein weiteres Instrument zu meiner Vernichtung dienen.

Es blieb mir also nichts anderes übrig, als das Beruhigungsmittel zu schlucken, das der Arzt mir verschrieb (und das die Aufseherin zu meiner Erleichterung in ihrem Büro aufbewahrte), und zu versuchen, meine Normalität wieder zu erlangen. Ich hütete mich vor einer weiteren Schwächung von Körper, Geist und Psyche. Ich verkroch mich in meine Einzelhaft, und je länger ich ›drinnen‹ blieb, desto sicherer konnten meine Freunde sein, daß ich nicht kapituliert hatte. Die Haft schützte mich!

Ich begann, so systematisch wie möglich, über die Methoden des Sicherheitsdienstes nachzudenken. Der Minister oder die Polizeichefs ordneten eine Verhaftung an. Sie brauchten sie nicht bekannt zu machen, was auch selten geschah. Oft benachrichtigten sie nicht einmal die nächsten Angehörigen von der Verhaftung oder davon, wo der Gefangene inhaftiert war. Gefangene wurden zu zahllosen Namenlosen, Verlorenen, die in alle Winde zerstreut waren. Wo es keinen offensichtlichen Grund für die Wahl des Opfers gab, wie eine militante Führungsposition in der Gewerkschaft oder einer anderen Massenorganisation, ging der Verhaftete unweigerlich davon aus, daß er festgenommen wurde, weil jemand geredet hatte, und so begann der Nervenkrieg, mit dem der Gefangene ständig gestraft wurde.

Es gab Sicherheitsbeamte, die mit Grobheit vorgingen. Van Zyl erklärte mir einmal: »Sie haben etwas zu verkaufen. Verkaufen Sie es, und machen Sie, daß Sie hier herauskommen.« Die anderen verkaufen, um sich zu retten, das war zu offensichtlich. Dann gab es die Verunsicherungsversuche: »Ihr Mann ist ein Feigling, er ist davongelaufen. Alle Führer, die ins Ausland gegangen sind, sind Feiglinge. Sie sitzen da und trinken Brandy, während Sie in der Zelle schmoren.« Drohungen gab es auch: »Es geht Ihnen hier offensichtlich zu gut; wir werden schon etwas anderes für Sie finden.« Afrikaner behandelte die Polizei mit großer Selbstverständlichkeit brutal: »Kennen Sie Looksmart? Wenn Sie uns nicht alles erzählen, sterben Sie in Ihrer Zelle wie Looksmart, und keiner Ihrer Angehörigen wird erfahren, was passiert ist.« Komplimente: »Sie sind doch eine intelligente Frau. Sie wissen bestimmt, was wir erfahren wollen, wissen, was gut für Sie ist. Sie haben Ihr Leben vergeudet, doch es ist immer noch Zeit…« Überredungskunst: »Alle außer Ihnen reden. Wenn Sie aussagen, erfährt niemand davon.« Beamtenmäßige Korrektheit: »So steht es im Gesetz, wir erfüllen nur unsere Pflicht.« Wieder Drohungen: »Sie werden sich wundern, was wir alles wissen. Wir wissen sowieso alles.« Großzügigkeit und Betroffenheit: »Dies ist ihre letzte Chance, sich zu retten. Wenn Sie jetzt nicht reden, ist es endgültig zu spät.« Härte: »Die Neunzig-Tage-Haft ist für Linke genau das Richtige.« Die Verantwortung wird auf die Opfer geschoben: »Wir halten Sie nicht fest. Sie besitzen den Schlüssel zu Ihrer Freilassung. Warum tun Sie sich das an?« Verstärkter Druck: »Nach diesen neunzig Tagen kommen die nächsten und die übernächsten. Und glauben Sie nicht, daß wir nicht merken, wenn Sie lügen. Wir wissen, was wir von Ihnen wollen. Sie sollen auf unsere Fragen antworten, aber so, daß der Minister zufrieden ist.« Ominöse Warnungen: »Jeder bricht früher oder später zusammen. Wir müssen nur die richtige Stelle bei Ihnen finden.« Unschuld: »Nötigung von Häftlingen? Mein Gott, nein, wir doch nicht, die Methode kennen wir gar nicht.« Geheimnisvoll: »Warum wir etwas wissen wollen, wenn wir die Informationen gar nicht benutzen? Da haben wir unsere eigenen Gründe.« Wichtigtuerei: »Wir sorgen für die Angelegenheiten des Staates, für die Staatssicherung. Der Staat steht hinter uns.«

Ich hatte immer meine Nase über den Sicherheitsdienst gerümpft. Die Beamten waren schon von weitem an ihrer aufgeblasenen, steifen Art zu erkennen, fand ich. Ihre Wichtigtuerei machte sie lächerlich. Doch aus den Amateurspitzeln, die ein Buch konfiszierten, weil im Titel das Wort ›schwarz‹ oder ›rot‹ vorkam, waren im Verlauf weniger Jahre versierte, sadistische Spezialisten geworden, die wußten, wie man einen Menschen kleinkriegt. Der Hochverratsprozeß und die damit zusammenhängenden Machenschaften hatten mit einer Bloßstellung des Sicherheitsdienstes vor der Weltöffentlichkeit geendet. Wer damals in Untersuchungshaft saß oder während des Notstands 1960 oder im Mandela-Streik 1961 inhaftiert war, war später mit ungebrochener Moral entlassen worden, weil das Gemeinschaftsleben der Häftlinge ihn gestützt hatte. Immer wenn eine Gruppe politischer Gefangener freigelassen wurde, entstanden neue Freiheitslieder. Haftstrafen zerbrachen uns nicht, sie schweißten uns zusammen. Der Sicherheitsdienst war sich auch bewußt, daß ihm nicht gelungen war, Informanten in die Bewegung einzuschleusen oder politisch aktive Mitglieder abzuwerben. Unsere Sicherheit genügte, solange sie nicht ernstlich auf die Probe gestellt wurde. Als Einzelhaft, Folter und ausgedehnte Verhöre mit dem Zusatz zum General-Law-Amendment-Gesetz von 1963 eingeführt wurden, waren katastrophale Zusammenbrüche unabwendbar. Anfänglich glaubte ich, der Sicherheitsdienst ahne nicht im entferntesten, was Einzelhaft bei einem sensiblen, empfindlichen Menschen auslöst. Doch da irrte ich. Wir hatten den Sicherheitsdienst gewaltig unterschätzt. Er war zum gezielten Angriff übergegangen und hatte seine Mittel sorgsam gewählt. Wo ein einzelner Beamter sich als ungeeignet erwies, hatten die Verhörmethoden einer ganzen Gruppe bei verlängerter Einzelhaft oft den gewünschten Erfolg.

Nach dem ersten guten Dutzend Neunzig-Tage-Haftstrafen arbeitete der Sicherheitsdienst mit wachsendem Selbstvertrauen. Die Hauptentscheidung lag darin, wann tatsächlich harter Druck angewandt werden mußte, zu welchem Zeitpunkt das Opfer emotional am ehesten angreifbar war. Der

Punkt, wann jemand zusammenbrach, variierte; es gab Gefangene, die schon früh in ihrer Haft demoralisiert waren; andere brauchten länger; viele hielten insgesamt durch. Es war schwierig, vorauszusagen, wer gut abschnitt und wer schlecht. Männer in Schlüsselpositionen der politischen Bewegung, die jahrelange politische Erfahrung und Opfer hinter sich hatten, zerbrachen wie Eierschalen. Andere, die von Natur aus ruhig, verschwiegen, zurückhaltend waren, die sich sonst mit Entscheidungen schwertaten und zögerten, wenn es hieß, zu handeln, überstanden die Haft zwar erschüttert, aber ungebrochen.

Vielleicht wird der südafrikanische Sicherheitsdienst eines Tages behaupten, er habe die psychologische Folter zum Nutzen der Wissenschaft angewandt. In seinen Akten kann man dann die Anamnesen der Opfer studieren, kann erforschen, an welchem speziellen Punkt sie zusammenbrachen, feststellen, wie widerstandsfähig sie gegenüber äußerem Druck waren, kann die Korrelation zwischen einzelnen psychologischen Typen, ihrer Willenskraft und der Fähigkeit herstellen, über einen langen Zeitabschnitt isoliert zu leben. Neben den Inquisitoren anderer Länder, die eine längere Praxis aufweisen konnten, sind die Südafrikaner vielleicht erst Amateure auf dem Gebiet der psychologischen Kriegsführung, doch sie machen einen schnellen Lernprozeß durch. Lassen wir ihnen Zeit: Sie haben durchaus den Ehrgeiz, alle Inquisitionen früherer Tage zu übertreffen. Sie glauben, nur ihre Pflicht zu tun. Sie reden wie kleine ›Eichmanns‹. Es gibt kaum einen Sicherheitsdienstbeamten, der nicht behauptet: »So ist das Gesetz, wir tun nur unsere Arbeit.« Da liegt die Gefahr. Wie Adolf Eichmann tun sie alles nur, weil ihr Dienst es verlangt. Sie tragen keine Verantwortung. Die Folter gehört zu ihrer täglichen Routine.

Zuerst war die Folter den Afrikanern vorbehalten. Doch die Neunzig-Tage-Haft war keine vier Monate in Kraft, als sie auch bei Weißen angewandt wurde. Bis dahin war es ein ungeschriebenes Gesetz der Apartheid gewesen, daß Weiße, alle Weißen, egal welche Weißen, sich von sämtlichen Afrikanern unterschieden und deshalb eine andere Behandlung erfuhren, auch im Gefängnis. Mit Einsatz der Folter änderte sich auch dies. Der Sicherheitsdienst durfte alles. Die Geschicklichkeit des Inquisitors zeigte sich in seiner Einschätzung, welche Methode bei dem jeweiligen Gefangenen anzuwenden war. Manchmal hatte die Sicherheitsmaschinerie es eilig, hatte nicht die Zeit, Zerfallserscheinungen abzuwarten, die eine Einzelhaft von entsprechender Länge beinah zwangsläufig produzieren mußte. Folter, Elektroschocks, Schläge wurden dann schon frühzeitig angeordnet. In anderen Fällen hatte man keine solche Eile oder brauchte die Ergebnisse nicht so dringend. Dann ließen sich die Männer vom Sicherheitsdienst beim Studium ihrer Opfer Zeit, ließen sie lange genug in Einzelhaft schmoren, um sie zu zermürben, während sie sich in der Zwischenzeit anderen Fällen zuwandten.

Nun durchschaute ich, wie man gegen mich vorgegangen war. Einzelhaft für eine unbestimmte Zeit war dabei die Grundvoraussetzung. Nel stattete mir seine Routinebesuche ab, variierte nur seine Begrüßung; entweder gab es ein Häppchen guter oder Häppchen schlechter Nachricht, um meine Reaktion zu testen. (»Sie werden im Rivonia-Prozeß nicht mitangeklagt!« oder »Ihre Kinder verlassen das Land!«) Als sich nach drei Monaten der Effekt der Einzelhaft langsam bemerkbar machte, kam nach der Vernachlässigung durch Nel die konzentrierte Zuwendung durch Viktor. Doch bevor er so offenkundig auf der Bildfläche erschien, um mir das Schlimmste zu ersparen, hatte man gezielt durchblicken lassen, ich würde wegen des Besitzes gebannter Zeitschriften vor Gericht gestellt, was bereits eine gewaltige Erleichterung bedeutete, verglichen mit der Qual des Rivonia-Prozesses oder weiterer neunzig Tage Haft. Die Andeutungen waren zeitlich so plaziert, daß meine Erwartung wuchs, noch einmal davongekommen zu sein. Alle Reden Viktors kreisten darum, wie leicht ein solcher Prozeß zu vermeiden war. Er war gekommen, um mit mir zu handeln, zog sich jedoch zurück, scheinbar enttäuscht darüber, daß ich mich hartnäckig weigerte, mich zu retten. Auftritt der Schurken, die eine Scheinentlassung und Wiederverhaftung inszenierten, doch nicht bevor der Besuch der Kinder, die sehnlichst meine Freilassung erwarteten, seine emotionalen Spuren hinterlassen hatte. Die Entlassung und Wiederverhaftung fanden einen Tag vor Ablauf der neunzig Tage statt; ich war darauf nicht vorbereitet gewesen, auch der Besuch der Kinder kam als eine

gelungene Überraschung, und die Wiederverhaftung war ein
schwerer Schock. Prompt folgte dann die Einladung zur Vernehmung; noch einmal blieb keine Zeit, mein inneres Gleichgewicht wiederzufinden, ich war obendrein schwer verunsichert von der Mitteilung, daß B. geredet hatte: Das war der
einzige Schock, den der Sicherheitsdienst nicht geplant hatte.
Ich sehe die Anweisungen im Mitteilungsbuch der Zentrale
förmlich vor mir: Der Besuch der Kinder wird sie freudig
stimmen; überrascht sie, indem ihr sie einen Tag früher als
erwartet entlaßt, spielt die Entlassung so realistisch wie möglich; laßt sie ruhig auf die Straße gehen und die Freiheit
schnuppern, dann fallt über sie her und schafft sie so schnell
wie möglich wieder ins Haus und vergeßt nicht, die Zellentür
eigenhändig zuzuschlagen; nehmt sie euch am nächsten Morgen noch einmal vor, wenn ihr Anfall von Verzweiflung noch
nicht abgeklungen ist. Diese Taktik war kein Produkt eines
Superhirns, doch nach neunzig Tagen Einzelhaft war sie aus-
geklügelt genug, um ihre Zwecke zu erfüllen. Ich hatte angenommen, auf unbegrenzte Eintönigkeit und Einsamkeit ein-
gerichtet zu sein, doch die Haft hatte ihre Spuren hinterlassen
und, als ich sie dringend benötigt hätte, Einsicht und Urteilsvermögen stark beeinträchtigt.

»Es ist immer noch ein weitverbreitetes, aber physiologisch
nicht haltbares Dogma«, schreibt Dr. William Sargant in seinem Buch *Battle for the Mind*, »daß Grausamkeiten, bei denen einem Menschen kein Haar gekrümmt wird und er mit
heiler Haut und unversehrten Sinnen davonkommt, nicht als
Nötigung anzusehen sind … Mit anderen Worten, der normale Mensch versteht vollkommen, daß physischer Druck
zum Zusammenbruch führen kann, doch er bildet sich ein,
daß seelischer Druck etwas ist, das er, und jeder andere auch,
aushalten kann.«
»Politische Indoktrination«, schreibt J. A. C. Brown in *Tech-
niques of Persuasion*, »ist nicht nur eine Frage von Drohungen, sondern auch von Sympathie.«
Freundlichkeit statt Feindschaft. »Bei Ihnen verliere ich niemals die Geduld«, erklärte Viktor mir wiederholt.
Der Nutzen einer Periode der Freundlichkeit bestand darin,
alles über den Häftling zu erfahren und sein Vertrauen zu ge-

winnen. »Nach einem Monat kenne ich Sie besser als manche Leute, die Sie ein Leben lang gekannt haben«, sagte Viktor.

Das sagte er nach dem Alptraum, den drei Tagen, in denen man mich in der Zentrale auf den Kopf stellte; nach Schock und Schuldgefühl und hysterischer Reaktion. Nachdem Viktor mich hemmungslos weinend im Bett vorgefunden hatte, blieb er ungefähr einen Tag fort (ich registrierte die Tage nicht mehr so sorgfältig), und dann kam er wieder regelmäßig jeden Tag. Einmal vergaß er sich und schimpfte schlechtgelaunt »Swanepoel hat alles verdorben«, sagte er und führte den Satz nicht weiter aus. Wie verzweifelt sie hinter einer Aussage her waren! Und ich weigerte mich, etwas von mir zu geben!

Schließlich empfand ich zum erstenmal so etwas wie einen Hauch von Triumph. Ich schob das alles verschlingende Schuldgefühl, daß mir ein Fehltritt unterlaufen war, beiseite. Ich war dem Abgrund entgegengeschlittert und hatte mich eben noch halten können. Es war nicht zu spät gewesen, ich hatte sie zurückgeschlagen. Ich hatte meinen eigenen Widerstand geschwächt, aber ich hatte mich nicht unterkriegen lassen. So qualvoll mein Kampf auch war, ich hatte *gewonnen*.

Ich machte mich auf ein fortdauerndes Gefängnisdasein gefaßt; wenn nicht dieses hier, dann ein anderes. Irgendwie würde ich meine Überlebenskraft schon mobilisieren, in mir die Seite bezwingen, die sich nach einem anderen Leben sehnte. Ich richtete mich auf eine weitere Gefangenschaft ein als Preis für das Leben, das ich gewählt hatte. Ich würde mich an die Vorstellung gewöhnen, im Gefängnis zu leben. Ich würde es schaffen.

Eines Morgens kam Viktor und wollte wissen, was ich gern lesen wolle? »Was ist denn in euch gefahren?« fragte ich. Er benahm sich wie der Weihnachtsmann persönlich. Nein, sagte er, der Oberst habe mir Bücher erlaubt, allerdings immer nur eins auf einmal, und die Titel müßten von Pretoria genehmigt sein. Ich bestellte *Die Kartause von Parma*, das Buch, das ich seit drei Monaten gern lesen wollte, und ich mußte Viktor den Inhalt beschreiben. Er rief meine Mutter an, die ihm ein Exemplar vorbeibrachte, und er gab es mir am nächsten Tag.

*

*Ich war am 7. November zum zweitenmal verhaftet worden.
Am gleichen Tag hatte der Justizminister den Beschluß verteidigt, daß über einen Gefangenen, der in der ersten Periode
von neunzig Tagen nicht vor der Polizei ausgesagt hatte, eine
zweite Haftperiode verhängt wurde.
In den folgenden Wochen wurde vor dem* Supreme Court *die
Eingabe des in Haft befindlichen Kapstädter Rechtsanwalts
Albie Sachs entschieden. Sachs erhielt von dem Richter Justice
van Winsen die Erlaubnis, »in vernünftigem Umfang« Bücher und Schreibmaterialien bei sich zu haben. »Es kann kein
Zweifel bestehen«, befand der Richter, »daß Einzelhaft – mit
einer Stunde Hofgang pro Tag und dem Verbot von Lektüre
und Schreibmaterialien – einer Strafe gleichkommt.« Zwei
Tage später erklärte der Polizeikommissar in einer Johannesburger Zeitung, daß allen Häftlingen eine Behandlung im
Sinne des Urteils von van Winsen zukomme. Die Häftlinge
seien »auch bisher immer so behandelt worden«. Der Kommissar hatte »niemals den Eindruck, daß Häftlinge nicht in
vernünftigem Maß Lektüre und Schreibmaterialien erhalten
hätten; allerdings hätte dies im Ermessen der örtlich Zustän-
digen gelegen«. Er war sicher, daß in den meisten Fällen Häftlinge Lektüre und Schreibmaterialien erhalten hätten.
Dennoch legte die Regierung gegen das Urteil im Fall Sachs
Berufung ein. Der Kommissar bot keine Erklärung, warum
die Regierung gegen ihren eigenen Haftstandard Berufung
einlegte!*

✳

Nun besaß ich Stendhal und ein Kreuzworträtselbuch, doch
Viktor ließ mir keine Ruhe. Ich wäre gern allein gewesen,
dennoch kam ich jedesmal mit, wenn er die Aufseherin
schickte, mich zu holen. Jede Bemerkung seinerseits erzürnte
mich, dennoch war ich eine leichtgläubige Zuhörerin seiner
widersprüchlichen Reden, hatte sogar daran teil. Ich erklärte,
daß ich weder auf Fragen antworten noch eine Aussage machen würde; er stellte keine Fragen mehr. »Schade«, sagte er,
»ich könnte so viel von Ihnen lernen.« Als er politische Themen anschnitt, erklärte ich, daß ich als Häftling darüber mit
ihm nicht diskutieren könne. Seinen Arbeitskollegen Van
der Merwe brachte er zu diesen Gesprächen nicht mit. Seine

Kollegen, erklärte er, wüßten, daß er gern allein arbeite. Er sorgte dafür, daß die Tür des Sprechzimmers immer leicht geöffnet blieb, wenn ein Luftzug sie zudrückte, schob er sie mit dem Fuß wieder auf. Er erzählte mir von sich, wie er von Kind an gern Polizist werden wollte; wie gern seine Eltern es gesehen hätten, wenn er zur Universität von Stellenbosch gegangen wäre; und wie er sie ein Antragsformular unterschreiben ließ, von dem sie annahmen, es sei ein Studienantrag, dabei handelte es sich um die Beitrittserklärung zum Polizeidienst. »Was hätten Sie in Stellenbosch studiert?« fragte ich. »Musik«, sagte er. Er wurde ein faszinierendes Studienobjekt – selbst wenn er nicht die Wahrheit erzählte –, doch im gegenseitigen Studium befand er sich mir gegenüber bei weitem im Vorteil, und daran versuchte ich mich immer wieder zu erinnern. Oft vergingen unsere Gespräche mit ausführlichen Reden, Anzüglichkeiten, Witzen. Er bot mir eine seiner Zigaretten an und gab mir Feuer; Zigarettenpackung, Streichhölzer oder Feuerzeug befanden sich immer in der gleichen Anzugtasche. Alle Gegenstände, die er bei sich trug, hatten ihren festen Platz. Er haßte Männer, die erst ihre Taschen durchforsten mußten, das deutete auf schlechte Organisation und wenig Disziplin. Mit einer Mischung aus Respekt und Spott nannte ich ihn ›Leutnant‹. Er nannte mich ›Ruth‹ und rollte dabei wie viele Afrikaander das ›R‹.

Ich erklärte ihm mehrfach, daß sein Kommen sinnlos sei; er vergeude seine Zeit. »Ich will Sie nicht sehen«, sagte ich immer wieder. »Ich will nicht, daß Sie kommen.« »Meinen Sie das wirklich?« fragte er. »Mir ist aufgefallen, daß Sie den Kopf hängen lassen und eine traurige Figur abgeben, wenn Sie anschließend in Ihre Zelle zurückkehren.« Er glaube nicht, daß es mir im Gefängnis gefalle. Warum ich nicht machte, daß ich herauskäme.

Er brachte das Gespräch wieder auf das Thema ›Aussage‹. Ich würde nicht aussagen, wiederholte ich, denn man wolle mich in eine Falle locken. Ich traute dem Sicherheitsdienst nicht. »Wie können wir Ihre Aussagen gegen Sie verwenden, wenn wir keine Beweise haben?« fragte Viktor. »Wenn Sie keine haben, werden Sie welche erfinden«, konterte ich. Zum erstenmal sah ich, wie die Adern an seinen Schläfen hervortraten und er, wenn auch unbewußt, vor Wut die Hände zu Fäu-

ten ballte und gegen mich erheben wollte. »Sie haben nichts
als Hintergedanken«, fauchte er. Ich ging nicht in Deckung,
als er auf mich zukam. Er hatte sich sofort wieder in der Gewalt. »Lieber würde ich Sie küssen«, sagte er.

Ich ekelte mich vor mir, doch ich spielte mit; ich konnte nicht
widerstehen, mich mit diesem anderen Menschen auseinan-
derzusetzen, zu reden, zu reagieren, zu beweisen, daß ich
keine Karikatur, kein Klischee, sondern eine Person war. Ich
schwankte zwischen paranoidem Verdacht und naiver
Leichtgläubigkeit, daß dieser Mann sich vielleicht doch von
den Nels und Swanepoels unterschied.

Genau dies versuchte er zu beweisen. Wenigstens sagte er das.
Er konnte meinen Verdacht gegenüber dem Sicherheitsdienst
nicht entkräften, doch ihm persönlich sollte ich vertrauen. Er
wollte zusehen, daß ich aus dem Polizeigefängnis kam. »Hierher gehören Sie nicht«, sagte er mehr als einmal. »Sie, Sie kommen mir vor wie ein Bär im Käfig. Das ist nichts für Sie.«

*

(Als Swanepoel wortgewaltig über mich herfiel und mich ein-
schüchterte, hatte Viktor wohlweislich den Raum verlassen,
in dem man mich verhörte. Als die dreiundzwanzigjährige
Krankengymnastin Stephanie Kemp zu Boden geschlagen
wurde – sie war die erste weiße Frau in Südafrika, die vom
Sicherheitsdienst tätlich angegriffen wurde –, war Viktor
ebenfalls wohlweislich nicht anwesend. Nach seiner Rückkehr erklärte er Stephanie, er finde die grobe Behandlung un-
nötig, er hätte sie auch so zum Sprechen gebracht; ihm sei
jedenfalls lieber, wenn sie sich bei ihm ausweine.)

*

Viktor erklärte wiederholt, ich müsse verstehen, wie der Sicherheitsdienst arbeite. Ich müsse ihn, der gegenwärtig für
meine Vernehmung zuständig sei, davon überzeugen, daß ich
die Wahrheit gesagt hätte, die ganze Wahrheit – »Und wenn
Sie mir etwas erzählen, muß es wahr sein, ich merke, wenn Sie
nicht die Wahrheit sagen« –, er habe persönlich die Befugnis,
mich freizulassen. Ich lachte darüber. »Sie können nicht einmal ein Buch genehmigen, das ich lesen möchte«, sagte ich.
»Die Titel müssen einer nach dem anderen per Telex nach

Pretoria durchgegeben werden. Dennoch können Sie mich freilassen?« Er versicherte mir, daß er die Befugnis besitze meine Entlassung zu empfehlen. Er begriff, daß er mich niemals von meinem Haß gegenüber dem Sicherheitsdienst abbringen konnte; er unternahm jede Anstrengung, zu beweisen, daß er anders war; daß er mir entgegenkam, damit ich ihm entgegenkommen würde.

Ich gab mich einer Täuschung hin, aber ich bemühte mich, keine Selbsttäuschung daraus zu machen. Ich mußte zugeben, daß ich mich nach Gesellschaft sehnte, nach jemandem, mit dem ich reden konnte; daß ich ungeheuer erleichtert war, nicht die tödliche Entschlossenheit Nels aushalten zu müssen oder das bombastische Gehabe Swanepoels. Viktor kam und strotzte vor wohlkalkuliertem Charme, machte Komplimente, die vor trügerischer Absicht trieften. Durchschaute ich, wie er seinen Charme einsetzte?

Ich wünschte, allein zu sein und zu lesen, doch er kam praktisch jeden Tag. An einem Tag kam er sogar zweimal. Ich hatte Stendhal beendet und wollte gern *Krieg und Frieden* lesen. Er brauchte eine Inhaltsangabe. Ähnlich wie bei Stendhal, sagte ich: Helden aus der Zeit Napoleons; Idealfiguren in *Die Kartause von Parma*, sehr viel handfester in *Krieg und Frieden*. »Was finden Sie bloß an Napoleon?« wollte er wissen.

Jedenfalls lernte er mich kennen. Er beaufsichtigte ein zweites Gespräch mit meiner Schwägerin; er beobachtete ein jämmerliches, tränenreiches Beisammensein mit den Kindern, wobei die Älteste im Hof am Boden saß und vor Einsamkeit und Bedauern über ihre Lage sich die Seele aus dem Leib weinte und die beiden anderen kurz davor waren, es ihr gleichzutun. Pretoria hielt seine Entscheidung zurück, ob ich *Krieg und Frieden* lesen durfte, statt dessen kam ein Krimi *The Night has a Thousand Eyes*, und zum erstenmal in meinem Leben hatte ich vor einem Buch Angst, denn die tausend Augen besaßen telepathische Kräfte, und mir war unheimlich; ständig spürte ich Viktors durchdringenden Blick im Nacken.

Vielleicht wurde Viktor langsam ungeduldig, aber er ließ es sich nicht anmerken, er sagte lediglich, er mache bald Urlaub, ich solle vorher zusehen, daß ich aus dem Gefängnis komme.

»Wenn Sie Ferien machen und mich hier lassen, haben Sie wahrscheinlich ein schlechtes Gewissen«, sagte ich. Er nahm seinen Beruf als Polizist sehr wichtig. Er erwartete voller Ehrgeiz seine Beförderung, war eifrig damit beschäftigt, in seiner Freizeit Jura zu studieren, um schneller in eine bessere Position zu kommen. Ich spottete über das Kriminologiestudium, das Polizisten absolvierten. Er hielt auch nicht viel von einer theoretischen Kriminaltypologie. Er war davon überzeugt, daß Polizisten vor allem Menschenkenntnis besitzen mußten und daß er diese in der Praxis, im Verlauf der Ermittlung und im Gespräch mit Gefangenen erwerben konnte. Er besuchte seine Opfer manchmal im Gefängnis, und er war stolz darauf, daß sie keinen Groll gegen ihn hegten; er behandelte sie fair und kämpfte mit ehrlichen Mitteln, und sie begriffen, daß ihr Spiel vorbei war, wenn er sie gefaßt hatte. So sah er seine Rolle als Polizist.

Es schien, als würde es ewig so weitergehen. Ich hatte in vierzehn Tagen erst drei Bücher gelesen, und immer noch kam Viktor in das kleine Sprechzimmer, und wir veranstalteten unsere Wortgefechte. Wir täuschten einander und verschwiegen manches, aber es war ein menschlicher Kontakt. Mein trostloses Zellendasein berührte mich weniger. Ich war eher resigniert als verzweifelt. Es hatte schon schlimmere Tage gegeben.
Eines Samstags morgens kam er, um mir wieder einzureden, ich solle zusehen, daß ich aus der Haft entlassen würde. Wir redeten, doch es führte zu nichts. Am gleichen Nachmittag kam er zurück, um seinen Vorschlag zu wiederholen. Ich erwähnte, daß am nächsten Tag, am Sonntag, Robyns Geburtstagsfeier war, und er sagte: »Ich weiß, ich wollte nicht davon anfangen, um Sie nicht aufzuregen, aber wo Sie es jetzt angesprochen haben, kann ich Ihnen mitteilen, daß Sie zur Geburtstagsfeier nach Hause dürfen. Möchten Sie?«
Natürlich nicht. Unter keinen Umständen wollte ich nach Hause, um dort Kindergeburtstag zu feiern, und dann wieder in Polizeibegleitung im Gefängnis verschwinden. Nein, sagte er, ich hätte ihn mißverstanden. Er meine nicht, daß ich auf Ehrenwort nach Hause dürfe, sondern er werde dafür sorgen, daß ich rechtzeitig zur Feier entlassen würde – wenn ich vor-

her meine Aussage machte. Er werde anschließend direkt nach Hause gehen, und man könne ihn Samstagabend oder Sonntagmorgen jederzeit erreichen. Jeder am Marshall Square kenne seine Telefonnummer und ich brauchte ihn nur anrufen zu lassen: er wäre sofort für mich zu sprechen.

Ich verbrachte ein jämmerliches Wochenende. Ich spielte nicht mit dem Gedanken, Viktor anzurufen und mich freizukaufen; doch ich bekam einen solchen Anfall von Depression, weil ich ausgerechnet am Geburtstagswochenende eingesperrt war. Der Sonntag zog sich endlos dahin.

Am folgenden Morgen wusch ich mich gerade mit dem Eimer heißem Wasser, als die Aufseherin Viktor ankündigte.

Ich war so höflich. »Habe ich Sie warten lassen?« fragte ich.

»Ich komme, um Sie nach Hause zu bringen«, sagte er. »Ich habe Ihren Entlassungsbefehl.«

»Hören Sie gut zu«, sagte ich. »Versuchen Sie *das* nicht noch einmal. Das haben Sie schon mal mit mir veranstaltet, das ist grausam. Das lasse ich kein zweites Mal mit mir geschehen.«

»Wirklich, ich habe Ihren Entlassungsbefehl. Van der Merwe ist im Büro und erledigt die Formalitäten. Sie können sich fertigmachen.«

Ich brach in Tränen aus. Ich blieb mehrere Stunden im Sprechzimmer sitzen. Ich glaubte nicht, daß ich wirklich entlassen würde. »Sie verhaften mich wieder?« »Nein.« »Stellen Sie mich vor Gericht?« »Nein.«

Demnach wurde ich nicht einmal des Besitzes illegaler Schriften angeklagt.

Ich weiß nicht, warum ich entlassen wurde. Vielleicht gab es einfach nicht genug Beweismaterial gegen mich. Vielleicht hatte der Sicherheitsdienst sich überzeugt, daß ich nicht aussagen würde. Vielleicht näherte ich mich einem erneuten Zusammenbruch, der ihnen nichts nutzte; ich selbst würde zerbrechen, womöglich sahen sie es voraus. Viktor behauptete, daß er mich besser kenne als ich mich selbst. Meine Freilassung mußte Bestandteil einer umfassenderen Taktik im Umgang mit politisch engagierten Weißen sein, jenen schwarzen Schafen, die vom Weg abgekommen waren und nicht zur Herde der Weißen, die in den Afrikanern ihre Feinde sahen, gehören wollten. Wie sollte man mit uns verfahren? Einige von uns bekamen die Erlaubnis, das Land zu verlassen: Das war ein möglicher Weg, sich seiner Opposition zu entledigen. Wenn sich unter denen, die eingesperrt worden waren, Männer befanden, die unter dem Druck von Haft und Verhören zusammenbrachen, benutzte der Sicherheitsdienst sie als Informanten. Die nicht zerbrachen, erhielten lange Gefängnisstrafen, acht Jahre, zwölf Jahre, zwanzig Jahre, lebenslänglich. In meinem Fall hatten die ersten neunzig Tage Haft weder die gewünschten Informationen noch ausreichend belastendes Material erbracht, um mich zu verurteilen. Vielleicht ließ man mich frei, weil man mich überwachen und auf frischer Tat ertappen wollte. Viktor warnte mich vor dem Versuch, meine Bannung zu umgehen oder womöglich über die Grenze ins Ausland zu fliehen. »Wenn Sie das versuchen«, sagte er, »komme ich persönlich, Sie einzufangen.«

Wir verließen schließlich die Wache am Marshall Square, und zur Mittagszeit kam ich nach Hause, obwohl Viktor den Entlassungsbefehl am frühen Morgen gebracht hatte. Als sie mich endlich in meinem eigenen Haus zurückließen, war ich fest davon überzeugt, daß dies nicht das Ende bedeutete. Sie würden wiederkommen.

Zum Thema Afrika

Ellen Kuzwayo
Mein Leben
Frauen gegen Apartheid
Band 4720
Sowohl in privater als auch in politischer Hinsicht verkörpert Ellen Kuzwayo, die »Mutter von Soweto«, den alltäglichen Widerstand vieler schwarzer Frauen gegen ihre doppelte Unterdrückung als Schwarze und als Frauen. »Für mich«, so schreibt Nadine Gordimer in ihrer Einleitung zu dieser fesselnden und bewegten Lebensgeschichte, »gehört sie zu jenen Menschen, die mich an ein neues und anderes Südafrika, das unter ihren Händen entsteht, glauben lassen.«

Dorothea Razumovsky
Frauen im Männerstaat Südafrika
Band 3794
Mehr als dreißig Frauen aus allen Lebensbereichen Südafrikas – schwarze wie weiße, linke wie rechte, gemäßigte wie radikale – kommen hier entweder selbst zu Wort oder werden in ihrer alltäglichen Umgebung, bei ihrer Arbeit und ihren Aufgaben von einer Journalistin porträtiert, die seit mehr als sechs Jahren im Lande lebt.

Fischer Taschenbuch Verlag

fi 961 / 1